中共山东省委党校（山东行政学院）科研支撑项目成果

数字普惠金融助力乡村振兴影响研究

孙国伟 著

中国财经出版传媒集团
中国财政经济出版社
·北京·

图书在版编目（CIP）数据

数字普惠金融助力乡村振兴影响研究 / 孙国伟著. —北京：中国财政经济出版社，2024.2

ISBN 978-7-5223-2881-2

Ⅰ.①数… Ⅱ.①孙… Ⅲ.①数字技术-应用-金融业-作用-农村-社会主义建设-研究-中国 Ⅳ.①F832.1-39 ②F320.3

中国国家版本馆 CIP 数据核字（2024）第 024174 号

责任编辑：彭 波　　责任印制：史大鹏

封面设计：卜建辰　　责任校对：胡永立

数字普惠金融助力乡村振兴影响研究

SHUZI PUHUI JINRONG ZHULI XIANGCUN ZHENXING YINGXIANG YANJIU

中国财政经济出版社 出版

URL：http：//www. cfeph. cn

E-mail：cfeph@ cfeph. cn

社址：北京市海淀区阜成路甲 28 号　邮政编码：100142

营销中心电话：010-88191522

天猫网店：中国财政经济出版社旗舰店

网址：https：//zgczjjcbs. tmall. com

中煤（北京）印务有限公司印刷　各地新华书店经销

成品尺寸：170mm×240mm　16 开　11.5 印张　138 000 字

2024 年 2 月第 1 版　2024 年 2 月北京第 1 次印刷

定价：78.00 元

ISBN 978-7-5223-2881-2

（图书出现印装问题，本社负责调换，电话：010-88190548）

本社图书质量投诉电话：010-88190744

打击盗版举报热线：010-88191661　QQ：2242791300

前　言

近年来，随着数字技术的不断发展，数字普惠金融已成为金融领域服务实体经济的主要途径。2021 年 3 月，“十四五”规划再次明确提出“加快数字化发展，增强金融普惠性”。与此同时，2017 年 9 月，乡村振兴战略提出，并做出产业兴旺、生态宜居、乡风文明、治理有效和生活富裕的总体要求，随后得到快速发展，特别是随着我国脱贫攻坚战的胜利完成，乡村振兴更是成为农村建设的头等大事。党的二十大报告专门提出，要全面推进乡村振兴，坚持农业农村优先发展。

在此背景下，本书在理论分析和现状分析的基础上，利用自建的乡村振兴评价指标体系和北京大学的数字普惠金融指数，研究数字普惠金融和乡村振兴的关系，验证数字普惠金融对乡村振兴是否存在促进作用，这一促进作用是线性还是非线性，验证数字普惠金融能否通过提升农村创业活力助力乡村振兴，能否通过增加农业研发投入助力乡村振兴，验证这一影响是否因外部环境的差异而表现出显著的异质性。基于研究内容，提出具体可行的政策建议，包括：完善农村地区金融基础设施和互联网普及，加快数字普惠金融在东中西各区域的协同发展，进一步提高数字普惠金融的使用深度、覆盖广度和数字化水平，加强数字普惠金融知识普及，提升农村居民的人力资本水平，激发农村创业活力，提升创新研发投入等。

目 录

第1章 绪 论

1.1 研究背景

我国是传统的农业大国，农业是提供支撑国民经济建设与发展的基础产业，农民也占全国总人数的近一半。随着我国经济高速高质量发展，资本、劳动、技术等生产要素不断从农村向城市聚集，使农村出现“空心化”现象，严重影响了共同富裕目标的实现。在此背景下，2017年10月党的十九大正式提出了乡村振兴战略，提出了产业兴旺、生态宜居、乡风文明、治理有效、生活富裕的总要求。特别是2020年年底，随着脱贫攻坚的全面完成，我国更是将工作重心放到了推动和实施乡村振兴战略中来。2021年1月，国家乡村振兴局成立。2021年6月，我国出台了《中华人民共和国乡村振兴促进法》，为乡村振兴战略奠定了法律基础。在一系列政策的大力扶持下，农业农村积极进行转型升级，粮食产量大幅提升，农村居民收入显著提高，乡村振兴工作有序推动。然而，要推进乡村振兴的持续开展，还受到很多因素的影响和制约，包括金融产品创新不足、城乡二元结构突出、消费差距扩大等问题。

为了缓解弱势群体的融资约束问题，我国于2013年11月在十八届三中全会上提出了普惠金融战略，主要服务于农户、小微企业和城镇低收入群体。普惠金融因其高效、低成本、覆盖面广等优点，成为农村开展金融服务的有效手段。然而，传统普惠金融由于在数据搜集、数据存储等方面的成本较高，难以兼顾可负担性与可持续性，容易陷入普惠金融悖论。随着网络信息科技与传统金融的不断融合创新，数字普惠金融应运而生，成为助力乡村振兴的主要手段和工具。2016年9月，在G20峰会上发布《G20数字普惠金融高级原则》，激励各国广泛使用数字技术来使传统金融革新换代，数字普惠金融在我国及国际上正式开启。2019年2月发布的中央一号文件再次强调要大力发展农村普惠金融，全面推进乡村振兴战略。这一系列政策文件的实施，给予了数字普惠金融更加开阔、更加包容的政策空间，充分激发了数字普惠金融的发展动力。2023年10月，国务院印发《关于推进普惠金融高质量发展的实施意见》，明确提出普惠金融要助力乡村振兴战略有效实施，有序推进数字普惠金融发展，支持金融机构依托数字化渠道，紧贴小微企业和“三农”、民生等领域提供高质量普惠金融服务。可见，对数字普惠金融发展与乡村振兴水平两者之间影响关系的研究具有重要的实践意义和价值。

在乡村振兴战略和数字普惠金融战略提出后，学术界对此进行了较为深入的研究。近年来，更是开始研究数字普惠金融对乡村振兴的影响。大部分学者认为，利用数字技术，数字普惠金融可以突破地域限制，在金融服务的精度和广度上进行拓宽（Alemayehu et al.，2006），缓解农户创业的融资约束（Beck et al.，2018），进而促进乡村振兴。任碧云和李柳颖（2019）基于微观调查数据发现，数字普惠金融能通过数字支付、数字借贷和数字金融服务来促进农村经济发展。黄益平和陶坤玉（2019）认为金融服务的数字化为低收入和弱势群体获得低成本金融服务提供了机会，有利于农村地区特别是欠发达地区贫困减缓，从而缩小城乡收入差距。李季刚和马俊（2021）证明了数字普惠金融的覆盖广度与数字化程度对乡村振兴的促进作用更为显著，此外，数字普惠金融与乡村振兴之间的关系存在单一门槛特征。田霖等（2021；2022）发现两者关系存在双重门槛效应，当数字普惠金融指数位于第一、第二门槛值之间时，其对乡村振兴的影响作用最弱；当指数跨越第二门槛值时，其对乡村振兴的促进作用显著增强。康书生和杨娜娜（2022）构建乡村产业振兴评价指标体系，采用固定效应模型证实了数字普惠金融发展能对乡村产业振兴起到促进作用，且数字化程度的作用效果最为显著。然而，以往研究还存在一些不足之处，一方面，学者们大多关注数字普惠金融对乡村振兴的直接影响，忽视其中存在的间接影响效应，使得数字普惠金融对乡村振兴的影响机制处于“黑盒”中；另一方面，虽有学者对影响异质性进行了实证分析，但大多局限于区域异质性，事实上，市场化水平、金融监管水平、人力资本水平的差异也会影响数字普惠金融对乡村振兴的影响效应。故本书基于现有的理论和文献，通过对我国现有数字普惠金融和乡村振兴开展情况进行梳理，利用自建的乡村振兴指数对2011～2021各省区市的乡村振兴进行测度，验证其对数字普惠金融的影响及其作用机制，并分析其异质性影响，最后提出可行性对策和建议。

1.2 研究目标和意义

1.2.1 研究目的

首先，本书通过对数字普惠金融、乡村振兴以及数字普惠金融对乡村振兴影响的有关资料的梳理，就数字普惠金融对乡村振兴的直接和间接作用机理进行深入分析。

其次，本书通过分析和比较相关数据，对我国各地的数字普惠金融战略、乡村振兴战略的实施情况进行剖析，归纳出已有的成果，提炼出存在的问题，分析不同地市的差异，以期今后更好地推动乡村振兴战略，实现共同富裕目标。

再次，基于系统性、可比性、可操作性、地区差异性和可持续性等基本原则，本书在以往研究基础上，从乡村振兴“五个维度”出发，构建适合我国国情的数字普惠金融指数，并对我国各省区市的乡村振兴水平进行测度，以期为当前省域指标体系提供补充和参考。

最后，本书运用固定效应模型、系统 GMM 模型和门槛模型探索数字普惠金融对乡村振兴的影响，并且从双创角度，选择农村创业活力和创新研发投入作为中介变量，深度分析数字普惠金融对乡村振兴的作用路径，并基于实证结果提出相应措施。

1.2.2 研究意义

1.2.2.1 理论意义

乡村振兴是一个包含农村产业发展、乡风文明、生态友好、治理高效和生活富裕等多个子系统的全方位的振兴。在完成脱贫攻坚基础上进一步推进乡村振兴发展目标的实现是提高农村经营主体资金可得性及农村农民农业可持续发展的明智之举和应有之义，而数字普惠金融因为兼具包容性与科技特性，所以在理论上应该能很好地辐射到农村地区，降低相关金融服务成本并为其提供精准服务。在对相关文献学习研究后，本书发现学者们之前的研究更多集中在数字普惠金融促进农民增收、缩小城乡差距及农村减贫视角上，对于乡村振兴视角很少有学者进行系统性研究。本书基于以往研究，对数字普惠金融与乡村振兴的关系进行了全面回顾和系统研究，对丰富相关理论内涵、拓宽相关研究空间有一定理论意义。

理论意义具体表现在以下方面：一是设计了较为全面的乡村振兴衡量指标体系，从而丰富和完善了乡村振兴理论；二是从理论上厘清了数字普惠金融对乡村振兴的影响及作用机制，从而打开了数字普惠金融如何驱动乡村振兴战略这一黑箱；三是实证检验了数字普惠金融对乡村振兴的影响路径和异质性影响，从而将数字普惠金融理论和乡村振兴理论推向规范的实证研究。

1.2.2.2 实践意义

数字普惠金融具有使用方式普惠、服务价格普惠和注重农村长尾群体需求等特点，可通过优化资源配置使金融资源向乡村倾斜，面向农民、农业经营者等农村弱势群体，有利于缓解农村信贷难题、促进农村经济发展。随着互联网信息技术的快速发展，数字普惠金融在缓解农村信贷约束、助力农村产业升级、完善乡村信用体系建设、促进农村居民收入增长等方面起到了重要作用，是促进乡村振兴的一个重要工具。

因此，本书研究了数字普惠金融对乡村振兴的影响，并对两者之间相互作用的机制和原理进行了进一步的剖析，为后续相关部门方针政策的制定提供一定的参考价值，提高金融服务乡村振兴的能力，保障正规金融服务公平地惠及城乡区域、缩小城乡差距，从而因地制宜实施乡村振兴战略，助力乡村振兴目标的实现。

1.3 研究内容和方法

1.3.1 研究内容和思路

本书按照提出问题、理论分析、现状分析、实证检验、解决问题的科学思路展开，具体研究思路如图 1－1 所示。从研究内容来看，本书包括 8 章，主要研究内容如下。

第 1 章为绪论部分，提出本书的研究背景，引出研究主题——数字普惠金融能否助力乡村振兴，如何助力乡村振兴，并提出本书的研究目标、研究内容、研究方法和创新点。

第 2 章为理论分析部分，包括基本概念和理论基础，基于金融中介理论、普惠金融理论和可持续发展理论，梳理数字普惠金

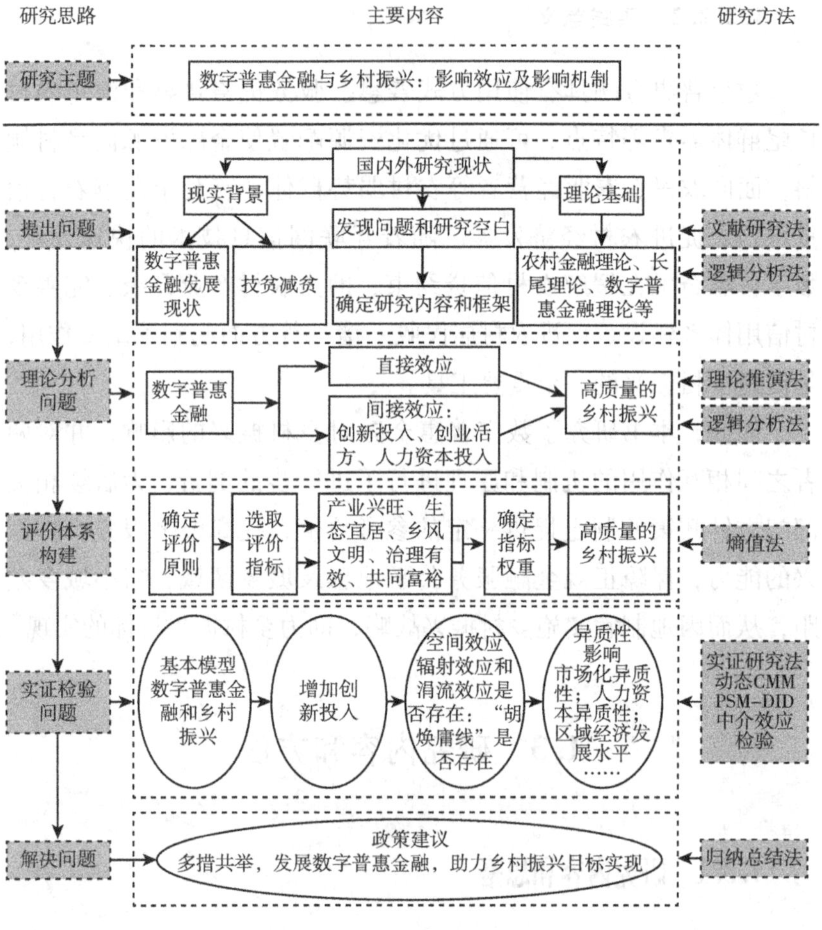

图1-1　本书的研究路线

融助力乡村振兴的理论机制，具体包括：产业带动效应，助力产业兴旺；生态改善效应，助力生态宜居；文明教化效应，助力乡风文明；治理规范效应，助力治理有效；收入带动效应，助力生活富裕。

第3章为文献综述部分。本书在梳理数字普惠金融、乡村振兴以及数字普惠金融影响乡村振兴等国内外文献的基础上，发现现有研究依然存在一些不足之处，具体包括：在研究视角上，主要从国家视角探讨数字普惠金融与乡村振兴的关系；在乡村振兴指标体系构建上，尚未形成权威的、客观合理的评价指标体系；在影响效应方面，缺乏对影响异质性和影响路径的深入研究。

第4章和第5章为现状分析。第4章分析了我国数字普惠金融的发展历程和发展现状，数字普惠金融在我国的发展历程分为三个阶段：起步期（2004～2012年）、壮大期（2013～2015年）、稳固期（2016年至今）。在一系列政策带动下，我国数字普惠金融的发展进程日益加快，但依然存在一些问题制约其发展质量。第5章梳理乡村振兴的相关政策和发展历程，将乡村建设阶段分为小康建设和实现富裕两大阶段。乡村振兴属于实现共同富裕的阶段之一，在这一阶段，国家采取了很多措施推动乡村振兴建设，乡村振兴取得了一些成就，但依然存在资金投入缺口较大、美丽乡村建设质量不高、城乡二元体制根深蒂固等问题。第5章还构建了"产业兴旺、生态宜居、乡风文明、治理有效、生活富裕"五个维度乡村振兴指标体系，利用熵值法得到了乡村振兴指数，通过此指数既分析了我国2011～2021各省区市的乡村振兴水平，又为后面的实证分析提供了数据基础。

第6章和第7章为实证分析部分，探究数字普惠金融在乡村振兴过程中发挥的作用。第6章为总体效应检验，采用固定效应模型、GMM模型和门槛模型验证数字普惠金融（包括覆盖广度指数、使用深度指数、数字化指数，以及货币基金指数、支付指数、保险指数、投资指数、信贷指数和信用指数）对乡村振兴的总体影响，并进行稳健性检验。第7章为影响路径检验和异质性检验，采用中介效应模型，验证数字普惠金融是否通过提升农村创业活力、增加农村创新研发投入这两大路径，推动乡村振兴发展。此外，外部环境会影响数字普惠金融对乡村振兴的影响，使其表现出一定的差异性，因此将从市场化水平、农村人力资本水平和区域划分三个方面进行异质性检验，更为深入地探讨数字普惠金融对乡村振兴的影响机制。

第 8 章为政策建议部分。本书将根据理论分析、现状分析和实证检验结果，提出具体可行的政策建议，具体包括：完善农村地区数字普惠金融基础设施，加快数字普惠金融区域间协调发展，不断提升数字普惠金融的数字化水平、覆盖面和深度，加强数字普惠金融知识普及，提升农村居民的人力资本水平，激发农村创业活力，提升创新研发投入等。

1.3.2 研究方法

1.3.2.1 文献研究法

本书主要通过阅读大量国内外相关文献，全面、准确地了解和掌握所要研究问题的历史现状、相关概念、理论研究现状以及实证操作方法等，进而为本书写作提供思路和创新点。

1.3.2.2 理论分析法

通过对数字普惠金融和乡村振兴相关概念、理论内涵进行定性分析，本书厘清两者之间的具体影响机制，进而做出合理假设，为后面实证开展提供充足的理论支撑。

1.3.2.3 实证分析法

实证分析可以得出更为客观的结论，是目前学术研究常用的方法，本书具体采用了以下实证研究方法。

（1）熵权法。

考虑到指标确权的便捷度和准确性，同时避免人为因素带来的偏差，本书采用客观赋权法中的熵权法对各个评价指标的权重予以确定，并据此测度出我国 30 个省区市的乡村振兴水平。

（2）固定效应模型、GMM 模型和面板门限模型。

本书以全国 30 个省区市 2011～2021 年的数字普惠金融与乡村振兴相关数据为研究样本，采用固定效应模型，对数字普惠金融发展和乡村振兴水平之间的相关关系进行了实证检验。

此外，考虑到乡村振兴发展水平存在滞后效应，即乡村振兴发展水平当前的变化也可能受其过去发展水平的影响，所以为了使实证回归模型的结果更为稳健和精确，本书还运用系统 GMM 法构建动态面板模型，降低内生性因素的干扰，来探究数字普惠金融对乡村振兴的影响。

考虑到数字普惠金融发展对乡村振兴水平的影响可能是非线性的，本书使用面板门槛模型，分析数字普惠金融对乡村振兴的非线性影响。

（3）中介效应法。

本书选用中介效应模型，以农村创业活力和创新研发投入作为中介变量，检验其在数字普惠金融与乡村振兴中是否具有中介作用，探究数字普惠金融能否通过提升农村创业活跃度、增加涉农企业研发投入，从而促进乡村振兴。

1.4 研究创新点

通过阅读大量文献发现，国内外学者的研究大多关注数字普惠金融的减贫效应及其与城乡收入、产业结构等的影响，对于数字普惠金融对乡村振兴作用方面的研究较少，且研究结论也各有不同。因此，在数字普惠金融对乡村振兴的影响研究层面还存在较大深化空间，本书的创新点主要表现在以下几个方面。

一是建立了更为具体可行和系统化的乡村振兴指数。现有指数都关注“产业兴旺、生态宜居、乡风文明、治理有效、生活富裕”，本书也不例外，但更强调产业兴旺、生态宜居和生活富裕，这是乡村振兴工作的重点，因此在具体指标选取上更为侧重乡村振兴的质量。

二是引入门限模型深入探究数字普惠金融和乡村振兴的关系。学者们均认可数字普惠金融发展能助力乡村振兴目标实现，但这一关系是线性的还是非线性的，还缺少具体的实证检验，本书将以城镇化率作为门槛变量，进一步验证数字普惠金融发展与乡村振兴水平之间是否具有非线性门槛效应，门槛效应是单一门槛，还是多重门槛。

三是从双创视角探究数字普惠金融助力乡村振兴的具体路径。学者们较少研究数字普惠金融对乡村振兴的间接影响和影响路径，使得数字普惠金融对乡村振兴的影响机制处于“黑盒”中。本书认为，数字普惠金融的发展提高了农村的创业活力和创新投入，进一步推动了乡村振兴目标的实现，并对此进行中介效应检验。

数字普惠金融
助力乡村振兴
影响研究
Chapter 2

第2章　相关概念和理论

2.1　相关概念

2.1.1　从普惠金融到数字普惠金融

数字普惠金融以“数字技术 + 普惠金融”为核心，以数字技术为基础，致力于解决普惠金融的痛点和难点问题。数字普惠金融的构成分为两部分：一部分是传统金融机构的数字化金融服务，这是金融服务模式的革新，也是金融机构解决普惠金融可持续问题的重要抓手；另一部分是互联网公司的数字化金融服务，互联网公司服务群体范围较广，信息技术运用能力较强，能够提升金融服务的可得性、普惠性以及便利性。

从数字普惠金融的发展历程来看，数字普惠金融经历了四个不同的发展阶段，每个阶段均有不同的特征。

2.1.1.1　小额信贷阶段

小额信贷是指通过非传统金融途径向原本面临传统信贷排斥的弱势群体提供金融服务。早在 15 世纪中叶就诞生了小额信贷服务，但由于当时教会占据社会主导地位，因而当时的小额信贷主要是通过教会所开设的典当行来为弱势群体提供金融服务。18 世纪，爱尔兰慈善机构使用捐赠款为贫困家庭提供无息或低息的小额信贷。18 世纪中后期，德国的社区银行开始以互助的形式为中小企业与贫困家庭提供资金支持，此时的小额信贷初步具备慈善性和可持续性。进入 20 世纪后，孟加拉国的格莱珉银行成为小额信贷发展的标杆。格莱珉银行的创办人尤努斯教授发现，孟加拉国原有的金融机构存在较为严重的信贷歧视，金融资源主要流向了高净值客户，而这会加剧社会的贫富分化与阶层固化。因此，为打破二八定律，帮助弱势群体提高物质财富，畅通阶层向上流通渠道，尤努斯教授创立了格莱珉银行，该银行主要以互助形式为弱势群体提供无抵押、无担保的小额信贷，极大地促进了孟加拉国的金融发展，这也是普惠金融发展的雏形。尤努斯教授因此获得 2006 年的诺贝尔和平奖，并被称为“穷人的银行家”。

1993 年，我国河北易县建立首家小额信贷机构，其资金来源主要为政府补贴或者捐赠款项，因此服务客户群体覆盖面相对较窄，主要为下岗群体、学生群体、农民群体以及其他弱势群体。尽管我国小额信贷发展较早，但面临着一定的可持续问题。首先，由于服务对象多是贫困群体或农民群体，而这类群体的收入水平较低、物质财富较少，可能会由于种种原因导致没有足够的还款能力，而无抵押、无担保的信贷服务可能会提升潜在的道德风险。其次，由于服务群体潜在的信用风险较高，加之部分偏远地区存在较高的服务触达成本，不断推升的总成本则转化为高额的贷款利息，导致弱势群体更加难以负担“普”而不“惠”的小额信贷。

2.1.1.2 微型金融阶段

微型金融作为一种新型的金融服务体系，其建立的目的在于专门服务贫困、低收入人群和微型企业，其中包括小额信贷、储蓄、汇款和小额保险等。20 世纪末，小额信贷在服务弱势群体的过程中暴露出了种种问题，迫使许多国家考虑开展一种新型的微型金融服务，以便更好地支持弱势群体的发展。小额信贷机构存在的问题主要包括：一方面，小额信贷机构多是民间组织，其资金较为有限，难以形成规模效应，且部分小额信贷机构背离服务初衷转为高利贷，给弱势群体带来了更加沉重的经济负担；另一方面，小额信贷机构仅能为弱势群体提供基本信贷服务，而投资、支付等金融服务较少，财富难以实现保值增值。因此，各国正规金融机构开始考虑为弱势群体提供金融服务，自此微型金融服务诞生。

微型金融服务主要有以下特点：第一，微型金融服务供给方更为多样化，更具有规模优势。小额信贷的供给方多为非正规金融机构，资金来源有限且边际成本较高。而微型金融服务则由大型商业银行、民间机构以及慈善机构等提供，不仅具有可观的资金总量以及规模优势，更能基于原有业务优势，更好地向弱势群体提供信贷服务、支付、投资、理财等更为多样化的金融服务。第二，微型金融服务的服务对象覆盖群体更广。小额信贷受限于小规模的资金量与较高的触达成本，服务对象覆盖面相对较窄。而微型金融借助传统金融机构更为普及的服务网点以及更为完善的信贷审查流程，能够以较低的触达成本为偏远地区、贫困地区的居民以及部分微型企业提供资金融通。因此，微型金融服务较小额信贷覆盖群体更广、服务能力也更强。

21 世纪初，我国开始了微型金融服务的尝试和探索。那时的民间创业浪潮导致信贷需求不断提升，而小额信贷已无法满足当时的创业资金需求，资金缺口出现并持续扩大。大型商业银行抓住这一契机，开展了微型金融服务，且主要采取无抵押、无担保的形式，凭借信誉信息建立贷款档案。虽然我国微型金融服务缓解了弱势群体的“融资难”问题，但微型金融服务仍存在“最后一公里”的触达问题，难以触及偏远地区，且部分地区的调研难度较高，导致信贷风险大、收益低，从而微型金融服务可持续性较低。

2.1.1.3 普惠金融阶段

普惠金融是指为有金融服务需求的社会各阶层和群体提供可负担成本的金融服务，同时保持其适当性和有效性。小额信贷和微型金融服务仍未能突破持续性难题，无法满足弱势群体对金融服务的需求。因此，联合国于 2005 年正式提出普惠金融（也被称为包容性金融）的概念，目的是解决社会中的金融排斥问题，实现弱势群体金融服务的可持续性。2006 年，联合国进一步强调发展中国家都应不断完善金融顶层设计，为所有社会群体提供可负担的金融服务，推动了传统金融机构的金融服务下沉与拓展。

普惠金融主要强调为弱势群体提供多样化的包容性金融服务，包括服务对象的多样性、服务机构的多样性以及服务种类的多样性。首先，普惠金融服务对象的多样性要求将金融服务客户群体进一步拓展，将原本面临金融排斥的群体涵盖其中。普惠金融区别于小额信贷与微型金融服务，其服务对象不仅包括农村地区、偏远地区的弱势群体，同时也涵盖了中小微企业。其次，普惠金融服务机构的多样性在于普惠金融的供给方更为多元化，包括大型商业银行、政策性银行、民间金融机构，能够融合多种金融机构的不同资源禀赋，发展多元化的普惠金融服务。最后，普惠金融服务种类的多样性在于普惠金融不仅提供支付、投资、信贷等传统金融服务，而且也将代理、租赁等其他金融服务纳入普惠金融业务范围，通过多元化的金融业务推进普惠金融的可持续发展。

我国早在 2012 年就提出了发展普惠金融，并于 2013 年正式将其纳入我国的国家战略，作为金融改革的重要环节。2015 年我国发布《推进普惠金融发展规划（2016～2020 年）》，强调普惠金融应为所有群体提供可负担、可持续的金融服务。在此契机下，我国普惠金融进入蓬勃发展时期，其减贫增收的效果也逐渐显现。然而，我国的普惠金融存在“两难”问题：要想维持普惠性，可能会导致商业不持续的问题，其原因在于弱势群体属于无抵押的高风险群体，较低或不稳定的收入容易导致还款困难；但若强调商业可持续，金融服务对象可能又会转到高净值群体，必须放弃普惠性的特色。总之，金融机构需要通过自身其他业务利润弥补普惠金融业务的亏损，且部分普惠金融业务仍存在“最后一公里”的触达问题。

2.1.1.4 数字普惠金融阶段

数字普惠金融定义为一切通过使用数字金融服务以促进普惠金融的行动。2016年，我国正式提出数字普惠金融的概念，并在G20杭州峰会上推出《G20数字普惠金融高级原则》，该文件成为推进全球数字普惠金融发展的一个重要里程碑。2017年，普惠金融全球合作伙伴（GPFI）发布了《G20数字普惠金融新兴政策与方法》，2018年出台了《G20数字普惠金融政策指引：数字化与非正规经济》，积极推进数字普惠金融发展。

相较于传统普惠金融，数字普惠金融借助数字化技术有效降低了信息搜集成本、运营成本等，为金融机构开展普惠金融业务带来了新的增长点。同时，将碎片化场景应用于用户信用画像，有助于解决金融机构与客户之间的信息不对称，提高了金融机构的风险防控能力。此外，信息化技术解决了普惠金融的“最后一公里”问题，提高了普惠金融的服务深度、广度以及便利度，在一定程度上缓解了普惠金融商业不可持续的问题。

我国出台了一系列推动数字普惠金融发展的政策，数字普惠金融迅速发展起来。2021年3月，《中华人民共和国国民经济和社会发展第十四个五年规划和2035年远景目标纲要》发布，明确提出要健全具有高度适应性、竞争力、普惠性的现代金融体系，构建金融有效支持实体经济的体制机制，增强金融普惠性。同年12月，《“十四五”国家信息化规划》发布，提出“数字普惠金融服务”优先行动。中国人民银行于2023年8月印发了《银行业普惠金融业务数字化模式规范》，为我国银行业在数字普惠方面率先出台了普惠金融服务标准。在此背景下，一方面，我国建立并完善了大数据风控体系，针对金融贷前、贷中、贷后各个环节的不同风险特征，进行精细化控制，从而通过大数据实现了操作风险和信用风险的基本可控；另一方面，构建高效率的金融科技布局，通过数据挖掘、深度学习、大数据风控、量化决策等金融科技的研发，降低了金融交易成本，提高了风险控制水平，让金融走进了寻常百姓家。

2.1.2 从精准扶贫到乡村振兴

2.1.2.1 脱贫攻坚

贫困问题是当今世界面临的最严峻的挑战之一，在严重阻碍贫穷国家经济发展的同时，也已成为当前地区冲突、恐怖活动和生态破坏的主要原因。因此，扶贫脱贫是全世界的重要任务。1992 年 12 月，联合国将每年 10 月 17 日定为国际消除贫困日，要求各成员宣传和促进全世界消除贫困的工作，采取具体的扶贫行动。2014 年，国务院将 10 月 17 日设立为我国首个“扶贫日”。

新中国成立 70 多年以来，中国农村扶贫取得了伟大成就，在世界减贫史上创了一个奇迹。我国第一个实现了联合国千年发展目标中的减贫目标，成为对全球减贫事业做出重大贡献的发展中国家。我国的扶贫经历了五个阶段：第一阶段（1949～1978 年），小规模救济式扶贫阶段，鉴于当时我国经济基础较为薄弱，农村整体上处于绝对贫困状况，以毛泽东同志为核心的中国共产党人，为农村的贫困人群、偏远和落后地区的群体、因灾害导致的贫困群体以及因战争造成的伤残群体，提供了救助性的扶贫措施，包括物资和现金支持，以帮助他们满足基础生活需求；第二阶段（1978～1985 年）体制改革推动扶贫阶段，实施了一系列的改革措施，包括实行家庭联产承包责任制、提升部分农产品的价格、支持乡镇企业的发展等，这极大地解放了农村的生产力，激发了农民的劳动积极性，减少了农村贫困人口的数量；第三阶段（1986～2000 年），大规模开发式扶贫阶段，国务院成立了一个专门负责贫困地区经济发展的领导小组，并确定了以县级为目标的扶贫机制，到 2000 年年底，农村贫困地区的居民基本解决了温饱问题；第四阶段（2001～2013 年），整村推进式扶贫阶段，扶贫工作的重点转移到贫困村，扶贫资金、扶贫政策和扶贫项目都直接支持贫困村，这不仅改善了他们的生活状况，还提高了他们的收入水平；第五阶段（2013～2020 年底），精准式扶贫阶段，国家不断增加扶贫投入，出台优惠政策措施，坚持分类施策，因人因地施策，因贫困原因施策，因贫困类型施策，进行脱贫攻坚战，到 2020 年年底，国务院扶贫办确定的全国 832 个贫困县全部脱贫摘帽，全国脱贫攻坚目标任务已经完成，创造了世界减贫史上的奇迹。

2013 年 11 月，习近平总书记在湖南湘西考察时首次作出了“实事求是、因地制宜、分类指导、精准扶贫”的重要指示。2015 年 1 月，习近平再次强调脱贫攻坚是我们第一个百年奋斗目标的重点工作，是最艰巨的任务。精准扶贫是指通过科学有效的程序，根据不同贫困区域环境、不同贫困农户状况对扶贫对象进行精确识别、精准帮扶、精准管理的治贫方式。

2.1.2.2　乡村振兴

从中国知网和百度文献中对乡村振兴的定义来看，乡村振兴意味着激活乡村的发展动力，确保乡村在产业、人才、文化、生态和组织这五大领域都能全面繁荣和兴盛。

2017 年 10 月，党的十九大报告提出，农业农村农民问题是关系国计民生的根本性问题，必须始终把解决好“三农”问题作为全党工作的重中之重，实施乡村振兴战略。2018 年 9 月，中共中央、国务院印发了《乡村振兴战略规划（2018～2022 年）》。2020 年年底，我国脱贫攻坚任务基本完成，党把工作重点开始转移到乡村振兴方面来，实行乡村振兴战略。2021 年 2 月 25 日，国家乡村振兴局作为国务院的直属机构正式成立，而在同年的 3 月，中共中央和国务院共同发布了《关于实现巩固拓展脱贫攻坚成果同乡村振兴有效衔接的意见》的文件，对乡村振兴战略进行了具体部署。

乡村振兴要从经济、环境、文化、社会和民生五个层面出发，产业兴旺、生态宜居、乡风文明、治理有效、生活富裕这五大目标，是乡村振兴的总要求。

乡村振兴的重点在于“产业兴旺”，这是乡村振兴持续发展的核心动力。产业兴旺主要包括农业现代化、产业升级、三产融合以及提高生产要素产出率等四个方面。农业现代化是指在保护农业生产环境的基础上，运用现代科技、信息、水利和机械等物质要素，改革农业生产方式，以提高土地产出和资源利用率；产业升级则是通过农业供给侧结构性改革，提升农产品质量，实现农业向高质量发展转变；三产融合是指第一产业、第二产业和第三产业在农村的协同发展和深度融合，将传统农业经营体系升级为现代三大产业体系，发展新产业和新业态；提高生产要素产出率则是通过科技创新，提升劳动、资本和土地等要素的产出效率，从而增强农业综合生产能力。

乡村振兴的关键是“生态宜居”。从需求理论的角度来看，农村居民在满足基本的物质需求，如饮食、衣物、居住和交通后，将寻求更高层次的生活，即精神的满足。农村居民期望通过改善生活环境，如提供自来水、污水处理、垃圾处理和卫生厕所等生活设施，使他们能在宜居的环境中生活。因此，有必要优化农村居民的生活和生产环境，治理和完善基础设施，让广大农村居民共享乡村振兴的成果，提高他们的幸福感。

乡村振兴的保障在于“乡风文明”。这一文明源于乡村文明，通过乡村振兴，乡村文化得以振兴，使乡村呈现出新的文明气象。乡风文明展现了乡村的农情、乡情和亲情的交融，以及相互间的地缘关系，这是乡村治理有效和生活富裕在精神层面的体现。十一届三中全会以来，党中央领导集体提出建设“两个文明”。着眼于培育现代乡风文明，我们应以社会主义核心价值观为核心，从建立淳朴民风和良好家风入手，努力提升乡村社会的文明程度，使广大农民在追忆乡愁的同时，也能积极保护和呵护乡村的绿水青山，美丽乡村建设就此展开。

乡村振兴的基础是“治理有效”。治理，通常是指公共组织或个人运用各种手段来协调整个共同事务。通过创新治理模式，构建出多方参与、共同管理、三治融合的格局，以切实保护广大农民的权益，推进乡村的稳定和快速发展，这是国家治理体系和治理能力现代化的重要表现，也是构建和谐社会的必要条件。

乡村振兴的根本是“生活富裕”。中国特色社会主义的最终目标就是实现广大人民群众共同富裕，为了实现这一目标，必须坚持中国共产党的领导并坚守社会主义分配制度。通过调整分配制度，缩小分配差距，使得广大农民能够充分享受国家发展的成果，共同迈向富裕。中国致力于推进乡村振兴和精准脱贫攻坚，以提高农民收入和生活水平，这也是中国推动乡村振兴的立足点和着力的方向。

2.1.2.3 脱贫攻坚和乡村振兴

脱贫攻坚与乡村振兴是两个相互联系、影响、促进的子系统，两者协同发展有利于农村居民对实现美好生活进行构架，为推动中华民族实现伟大复兴奠定基础。减贫脱贫可助力乡村振兴战略实现，乡村振兴战略实施又能有效实现减贫脱贫。因此，通过科学设计和研究，实现减贫脱贫与乡村振兴的协同发展，有利于实现中华民族的伟大复兴。通过对现有参考文献的研究，可将脱贫攻坚与乡村振兴协同发展定义为：减贫脱贫子系统和乡村振兴子系统中各个主体之间通过利用信息技术和现代通信技术，使两个子系统间有效协作或科学协调，实现子系统能量交换并达到整体和谐。

脱贫攻坚和乡村振兴具有共同的战略目标，即为农村居民特别是贫困农民提供比其他居民更优质的服务，找寻更多使贫困农民需求得到满足的办法和实例，通力合作促进脱贫攻坚和乡村振兴战略的实施，以实现农村居民真正脱贫和乡村“五大”振兴。可以说，脱贫攻坚和乡村振兴在内外动因的驱动下，为了一个共同的目标，形成以减贫脱贫和乡村振兴为目的的核心组织并深度融合、协同合作，为农村居民提高生产能力和生活水平提供基础保障。

2.2 理论基础

本部分将通过梳理金融中介、普惠金融、农村金融、可持续发展等相关基础理论，为分析数字普惠金融推进乡村振兴的机理奠定理论基础，也为本书后续实证检验构建理论框架。

2.2.1 金融中介理论

金融中介是金融体系的核心要素之一，在经济金融活动中具有重要作用。金融中介理论是现代金融体系中的基础理论。在早期，金融中介理论着重从不确定性、交易成本以及信息不对称等方面进行解释，随着社会经济发展的日益复杂，内外部金融风险逐渐增加，金融中介理论开始侧重于风险管理。数字普惠金融的本质仍是金融，在推进乡村振兴的过程中发挥着重要作用，这其中离不开金融中介的支撑。

2.2.1.1 交易成本理论

交易成本广泛存在于社会经济发展中。包括 Tobin（1965）、Fama（1980）等学者均普遍认为，金融活动依赖于金融中介的发展，金融中介的存在节约了交易成本。究其原因：首先，由于规模效应和范围经济，金融中介的平均交易成本得以降低；其次，在储蓄向投资转化的过程中，金融中介的存在提高了金融资源的配置效率和转化效率；最后，金融中介通过创造更多的金融工具，协调各方金融需求，进而扩大金融活动范围，降低交易成本。

对于数字普惠金融而言，其依托于大数据、人工智能等数字化技术开展金融业务，降低了金融机构对物理网点和人工的依赖性，不仅缩短了金融业务流程，降低了交易成本（包括时间成本与交通成本），而且也提高了金融服务质量和金融服务广度，对农村减贫和乡村振兴具有促进作用。同时，金融机构依靠碎片化场景能够实现对客户的动态精准画像，提高了风险管理水平，降低了风险管理成本，从而能够更加普惠、可持续地推进乡村振兴建设。例如，数字普惠金融中最典型的蚂蚁金融，依托于数字化技术进行用户信用评分，不仅金融服务流程大幅缩短，其风控能力也显著提升。可以说，数字普惠金融的发展降低了金融机构的交易成本和运营成本，缓解弱势群体的融资约束，提升了边远地区的金融可及性，推进农村经济发展和乡村振兴，这也体现了金融中介理论。

2.2.1.2 信息不对称理论

20世纪70年代始，学者们逐渐认为信息不对称是金融中介存在的原因。Johnson 和 Hirshleifer（1970），Brealey 等（1977）指出，由于交易双方信息并不对称，而信息弱势一方为避免损失则会寻求购买信息，这导致了金融中介的产生。Campbell 和 Kracaw（1980）认为，金融机构存在的原因在于客户掌握的金融市场信息过少。Boyd 和 Prescott（1986）认为金融机构获利的原因在于掌握较多的金融市场信息。

从信息不对称理论看，数字普惠金融依托于大数据、人工智能等数字化技术能够充分挖掘金融市场及客户群体信息，进而实现资源的精准配置，提高资源的使用效率，推动农村经济发展和乡村振兴。同时，数字普惠金融通过数字化技术能够实现动态数据分析，及时掌握金融市场动态信息，从而帮助金融机构进行风险管理，降低了金融活动中潜在的道德风险。此外，数字普惠金融通过数字化技术更容易抓取多种信息，包括客户的个人信息、社会关系、消费记录等，从而更为准确评估客户的消费习惯和还款能力等，可以有效对用户进行信用画像，极大地降低了金融机构的信息不对称问题，为金融机构稳步开展金融活动、扎实推进乡村振兴奠定了良好基础。

2.2.1.3 金融风险管理理论

金融机构在防范系统性风险的要求下，进行有效的风险定价与管理已成为其首要任务。因此，金融中介理论逐渐转向了金融风险管理。Allen 和 Santomero（1996）认为，随着全球化经济的到来，金融中介开展金融活动的难题在于如何对复杂的金融业务进行风险控制。Morton（1989）指出，金融机构开展金融业务首先需要建立良好的风险管理体系，日益增长的金融活动使得金融业务越发复杂，金融业务的开展也类似于风险交易。Allen 和 Santomero（1996）指出，随着金融工具的越发复杂，金融机构为保障利润也会开展风险管理活动。Scholtens 和 Wensveen（2000）认为，金融机构的核心任务是对金融资产的风险管理。Shiller（2013）也指出，金融市场中的投资者大多属于风险厌恶者，为降低投资者的担忧，金融机构需要对金融业务展开风险管理，以保护居民财富，而这也是巩固脱贫攻坚成果、扎实推进共同富裕的重要举措。

金融机构可以利用其规模效应和范围经济，帮助更多的投资者进行有效的风险管理，从而帮助投资者实现资产的保值增值，推进居民财富的增加。随着数字技术的发展，数字普惠金融改变了传统金融业务形态，从传统金融机构的人工风险管理转为数字化技术的风险管理，提高了金融风险管理的有效性，使得金融服务能够服务长尾群体，改善农户的财务状况，有助于农户的贫困减缓（杨兵兵，2020）。数字普惠金融的风险管理主要体现在大数据风控、智能风控以及实时风控，帮助金融机构提高了风险管理效率，有利于防范化解重大金融风险，稳步推进农村经济发展和乡村振兴。

2.2.2 普惠金融理论

2005 年，联合国提出普惠金融，目的是解决发展中国家的金融排斥问题，完善发展中国家的金融体系。可以说，金融排斥理论是普惠金融理论发展的前提，也是实现农户减贫和乡村振兴的基础。

2.2.2.1 金融排斥理论

金融排斥是指一些弱势群体难以获得金融服务的情况，他们往往没有足够的机会或资源接触到金融机构，在获得金融产品和服务方面面临许多困难和障碍。

金融排斥的概念首先是由 Leyshon 和 Thrift（1993）提出的，他们在分析金融行业竞争现象时，发现部分银行为维持利润增长，减少了偏远地区或贫困地区的金融服务，使得这些地区的居民无法享受到应有的金融服务。此后，众多学者针对金融排斥问题展开了研究。Kempson 和 Whyley（1999）从供给和需求的视角分析了金融排斥问题存在的原因，并指出金融排斥是多维度的，包括价格排斥、地理排斥、营销排斥等多个方面。其中，地理排斥是金融排斥问题存在的最主要原因，顾名思义是指金融机构基于成本的考虑首先会在发达地区广泛布置物理网点，进而导致偏远地区或贫困地区的居民无法享受到金融机构的金融服务，可能致使区域差距与城乡差距愈发拉大；价格排斥则是金融机构为贫困居民或小微企业等弱势群体提供的金融产品价格超过其承受能力，进一步扩大了群体差距；营销排斥是指弱势群体无法享受到金融机构的部分金融产品，这也加剧了群体差距。

正因为如此，为解决金融排斥问题普惠金融被正式提出。

农村地区受经济发展水平、农业发展特点及农户金融基础知识缺乏等限制，往往被排斥在金融服务体系之外。结合数字技术和金融服务的数字普惠金融为偏远地区与弱势群体提供可负担的金融服务，有助于解决金融排斥问题，从而缩小区域差距、城乡差距与贫富差距，推进乡村振兴目标的实现。

2.2.2.2 普惠金融理论

在联合国的推动下，普惠金融正式被各国纳入金融体系，成为学术界研究的热点问题。

相较于传统金融服务，普惠金融的重点服务目标是弱势群体，以期缓解金融排斥问题（焦瑾璞，2019）。普惠金融的内涵包括金融产品的可得性、多样性以及金融服务的可持续性等，有利于促进高质量经济发展，实现减贫扶贫，推动乡村振兴。然而，在发展的过程中却出现了普惠金融悖论，即金融机构的普惠性和商业可持续性无法兼顾。但随着人工智能、大数据等数字化技术的兴起，数字普惠金融出现并发展，这一悖论逐渐被打破，数字化技术降低了金融机构的运行成本、提高了风控能力，成为全球金融领域的重大实践，代表着普惠金融的发展方向。大量学者对普惠金融进行了研究，发现普惠金融具有减贫作用，有利于为乡村振兴奠定物质基础。例如，Arun 等（2006）认为，普惠金融能够缓解弱势群体信贷约束，进而有利于减少贫困；Beck 等（2008）认为，普惠金融有助于消除收入不平等，尤其是利于减少贫困发生率。同时，学者们发现普惠金融具有促进经济增长的作用。例如，

Mohan（2006）指出，普惠金融促进了金融资源的合理配置，这有助于促进社会投资；Andrianaivo 和 Kpodar（2012）以及 Diniz 等（2012）认为，普惠金融的发展促进了发展中国家的经济增长。

与传统金融中介相比，数字普惠金融的发展完全颠覆了金融中介存在的作用。首先，数字普惠金融利用数字技术降低了金融服务的交易成本，取代了金融中介存在的作用，提高了金融服务效率并降低了交易成本。其次，数字普惠金融的发展取代了因金融中介存在而形成的规模经济，降低了金融市场中信贷双方的搜寻信息成本，并利用互联网金融交易平台，提供支付、清算与汇款等多种金融服务，提升了金融服务的便利性与普惠性。最后，数字普惠金融攻克了金融机构进入传统金融市场的壁垒，为“长尾”客户提供金融服务，使得大部分金融供需者皆可进入金融市场，将金融普惠性发挥到最大。

2.2.3　可持续发展理论

2.2.3.1　可持续发展理论

对于可持续发展理论的研究开始于 20 世纪六七十年代，直到 80 年代才由世界环境与发展委员会（WCED）正式提出，并于 1992 年成为世界各国共识。联合国（1987）在《我们共同的未来》报告中正式定义了可持续发展概念，即“能满足当代人的需要，又不对后代人满足其需要的能力构成危害的发展”。2015 年 9 月 25 日，全球可持续发展峰会在联合国纽约总部召开，193 个成员正式通过《2015～2030 年可持续发展议程》，该议程提出了包括无贫困、零饥饿、良好健康与福祉等 17 项可持续发展目标（SDGs）和 169 项子目标，这些目标旨在以综合方式彻底解决经济、社会和环境三个维度的发展问题，使全球转向可持续发展道路。

可持续发展理论强调公平性、持续性和共同性三大原则，该定义实际上包含了“需要”和“限制”两大要素：需要是指人类特别是贫困群体的基本需要；限制特指对需要的限制，主要指为满足当前需求而对未来环境带来危害的行为的限制，从而实现经济、生态和社会的和谐统一以及可持续发展。换句话说，在不损害后人发展环境的前提下，满足当前人类的需求。

乡村振兴战略正是在可持续发展理论的基础上，结合我国国情提出的乡村振兴战略。乡村是具有生产、生态、生活等多方面功能的地域综合体，与城镇共同存在，相互促进、共同发展。然而近些年来，我国城乡发展不平衡不同步的矛盾日益尖锐，乡村生态资源遭到破坏，社会环境亟待完善，种种现象迫使我们加快推进乡村振兴战略进程。乡村振兴战略要求基于“五大振兴”精准发力，要强化产业振兴，积极推进农村产业转型升级，谋求乡村经济的可持续发展；要加强生态振兴，推进乡村绿色发展，实现资源利用可持续，维护良好生态环境；要落实文化振兴、人才振兴和组织振兴，发扬乡风文明，建设人才梯队，创新乡村治理，缩小城乡差距，提升乡村居民生活幸福感，达到乡村社会全面进步、长期可持续发展的目标。

2.2.3.2 金融可持续发展理论

可持续金融的发展历程与可持续发展这一理念密不可分。在《2015～2030年可持续发展目标》实施四年后，联合国意识到推动可持续发展的关键在于改变资本流向。安东尼奥·古特雷斯于2019年9月在联合国大会发表《达成可持续发展目标的融资路线图》，这是一份为可持续发展提供支持的全球性指导方针。2019年11月，社会价值投资联盟在《A股上市公司可持续发展价值评估报告（2019）》中首次对可持续金融作出明确定义，即推进全球可持续发展且创造出可计量的经济、社会和环境综合价值的金融服务。可以说，可持续发展是目的，可持续金融是手段，可持续金融的作用，即以资金配置为核心去推动可持续发展目标的达成。

在国内，金融可持续发展理论是由白钦先在其提出的金融资源理论学说的基础上，首次将可持续发展的概念引入金融领域形成的，是金融发展理论的一个分支。白钦先更强调金融资源的稀缺性，同时突出了货币资产的地位和金融体系的整体性功能。他认为金融资源具备自然性和社会性双重属性，前者源于其稀缺的特点和战略地位，后者源于其配置自然和社会资源的能力。金融资源在整个经济社会循环体系中起到重要作用，因此社会经济的可持续发展离不开金融的可持续发展，金融的可持续发展是从量变到质变的统一。

数字普惠金融恰是印证了金融发展量质兼顾的特点。一方面，依托互联网技术，数字普惠金融能有效降低服务成本，推动金融机构在乡村设置网点，将正规金融业务拓展至农村地区，让弱势群体享受到公平多元的金融服务，延展了金融服务的覆盖网，扩充了金融业务的服务对象，实现了金融功能范围上的扩大，即量的提升。另一方面，数字化技术的运用，使得金融服务由以产品为中心的间接服务转变为以顾客为中心的直接服务，可以根据顾客的真实需要，为顾客设计出多层次、个性化的金融产品，让金融消费者的不同需要得到切实的满足，更高效地进行资源配置，实现了金融功能上的提升，即质的飞跃。

2.3 数字金融助力乡村振兴的理论机制

数字普惠金融具有以下优点：首先，它可以在降低金融供应成本的同时，扩大金融覆盖范围，有效缓解农村地区的融资歧视问题，以满足农业生产、教育医疗、创新创业、生态环境等方面的资金需求；其次，数字普惠金融利用数字技术为农村地区提供服务，同时也推动了农村地区数字技术的创新，从而以数字化方式促进了农村各领域的改革与发展。发展数字普惠金融有助于塑造“生活富裕”和“乡村振兴”新风貌。其一，数字普惠金融凭借互联网等数字技术，克服了传统金融的地理可及性障碍，减少了长尾市场的边际成本，更好地满足了农村居民的信贷、投资以及保险需求，有助于优化农村居民的财富管理；其二，基于大数据等数字技术能够更为精准地定位进而主动引导农户个性化的金融服务需求，从而更充分发挥金融对于农户致富的积极意义；其三，数字普惠金融能够扩大农村基础设施项目的筹资来源，有助于增加项目的资金支持力度，夯实乡村经济社会发展的基础；其四，数字普惠金融能够更精准地推行绿色金融理念，使金融活动与生态环境保护和环境污染治理结合，促进资本、技术、人才流向绿色农业等环保项目以及环境污染治理项目，拓宽了农村农业循环经济发展的筹资来源，有利于实现农副产品的资源化利用，发展生物质能等新兴产业。接下来，本节将从乡村振兴的五个维度分析数字普惠金融如何影响乡村振兴。

2.3.1 产业带动效应，助力产业兴旺

产业兴旺是乡村振兴的核心。发展数字普惠金融有助于提供强有力的资金保障，促进乡村产业发展，打造“产业兴旺”新格局。其一，数字普惠金融以数字化技术降低了金融服务提供成本，有效减缓了农业金融排斥，增加了农业产业发展的资金获得性。以规模化、集中化为主要特征的现代农业发展需要大量的资金投入，数字普惠金融从农业经营主体需求出发，打造低成本、便捷化、广覆盖的金融信贷体系，为乡村产业发展提供了有效的信贷支持。在此基础上，信贷投入进一步引发人力资本、先进技术等

农业产业现代化发展必要的生产要素资源的涌入，为乡村产业发展提供必备的要素保障。其二，数字普惠金融与传统金融信贷的最大区别在于数字技术的使用，数字普惠金融以金融科技新业态为乡村产业链融合以及产业价值链升级提供了广阔的契机，有助于乡村新产业、新业态的形成和发展。其三，数字普惠金融的数字化信用体系建设能够减少产业发展的信息不对称问题，有助于丰富农业保险产品，进一步挖掘农业领域金融工具创新，从而全面提高农业产业发展的风险管控能力，助力乡村产业发展。其四，发展数字普惠金融有助于构建有效的乡村治理体系。从治理主体看，数字普惠金融发展能够为乡村内部和外部主体参与乡村经济社会发展提供有效平台，从而促进乡村治理主体多元化，有利于改善农村金融发展环境，提高农户收入水平，扩大农业产业发展规模，改善农业经济环境；数字普惠金融变革了信用体系建设，改善了乡村治理的信用环境。

2.3.2 生态改善效应，助力生态宜居

生态宜居是乡村振兴的关键所在。我国乡村大部分位于偏远地区，基础设施建设和公共交通相对落后。这些因素导致了乡村贫困、发展滞后和信息闭塞。因此，我们需要高度重视乡村生态宜居建设。数字普惠金融的推广有助于绿色信贷的精准执行。绿色信贷的精准实施一方面可以满足绿色农业的融资需求，推动经济向绿色经济和低碳经济转型；另一方面，它可以引导资金投入环境治理项目，提高农村生态环境治理效率。农村经济转型和环境有效治理有助于提升农村生活环境质量，推动美丽新农村建设。农村旅游业的发展与建设也是实现农村生态宜居的关键。数字普惠金融为农村旅游业提供资金保障，有助于优质“农家乐”经营和农村旅游业的快速发展。

2.3.3 文明教化效应，助力乡风文明

乡风文明是乡村振兴的核心。首先，乡村拥有深厚的历史文化和优秀的传统文化，但教育水平普遍较低。数字普惠金融能够提供农村医疗贷款和农村教育贷款，满足农村居民的医疗和教育资金需求，推动乡风文明建设。其次，数字普惠金融还可以普及金融知识，一方面丰富居民金融知识，满足学习需求；另一方面，提高居民金融风险防范意识，明辨金融活动的真实性、合理性和合法性。最后，数字普惠金融利用数字技术收集和分析农村信用信息，进一步完善农村信用体系建设，有助于营造互信共赢的新风尚，从而推动乡风文明发展。

2.3.4 治理规范效应，助力治理有效

实现乡村振兴的关键在于治理有效。首先，数字普惠金融能够通过改善农村基础设施和提高公共服务水平，提升公共治理能力，实现有效治理；其次，数字普惠金融可以为农村网络技术升级提供资金支持，加强数字化建设，推动数字化治理方式的应用，提高农村治理水平；再次，数字普惠金融有助于农村金融法律的完善，进一步提升农村治理效率；最后，数字普惠金融的广泛覆盖为各社会阶层提供便利，在一定程度上影响农村教育投资，缓解农村教育贫困问题，提高农村人口教育水平和居民素质，缩小城乡居民收入和消费差距，有效提升乡村治理水平。

2.3.5 收入带动效应，助力生活富裕

实现生活富裕是乡村振兴战略的核心目标，这需要持续消除

贫困和提高收入。首先，数字普惠金融不仅为农村居民提供基础借贷产品，还提供丰富的理财产品，使居民能将部分储蓄用于购买金融理财产品。这不仅能通过金融投资增加居民收入，还能促进乡村消费结构升级，以消费推动农村经济发展，提升农村振兴水平。其次，数字普惠金融通过金融产品创新，推进农民小额贷款等产品，解决农民创业资金短缺问题，进一步增加居民收入。再次，科技创新具有高风险和高回报的特点，这使得科技创新型公司的融资成本较高，资金投入不足，影响了科技创新产品的产出效率。最后，数字普惠金融可以通过数字技术建立有效的风险评估机制，提高企业信息透明度，降低为科技企业提供资金支持的风险和成本，激发科技创新活力。科技创新的不断推进可以增加农村地区支付清算渠道，简化支付结算流程，从而实现生活富裕。

数字普惠金融助力乡村振兴的作用机制如图 2－1 所示。

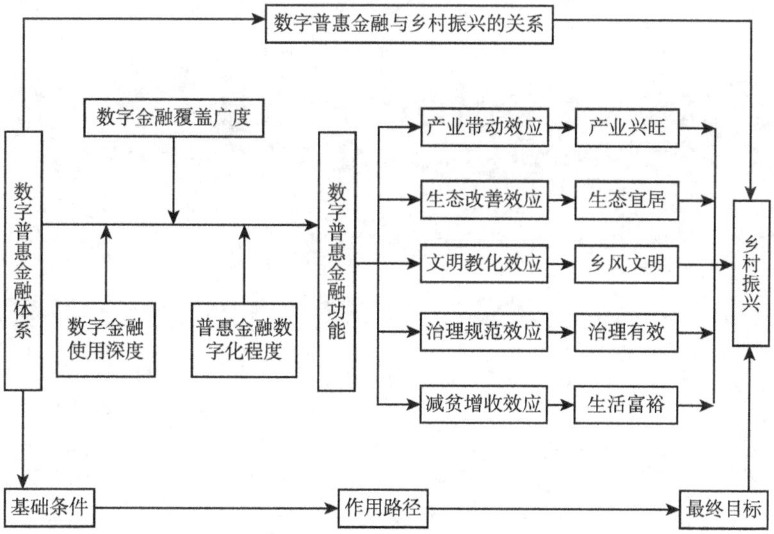

图 2－1　数字普惠金融助力乡村振兴的作用机制

数字普惠金融
助力乡村振兴
影响研究
Chapter 3

第3章 文献综述

3.1 关于（数字）普惠金融的国内外研究现状

数字普惠金融是普惠金融与数字技术的有机结合。作为一个新的概念和热点，国内外很多学者对数字普惠金融进行了理论研究和实证检验。

3.1.1 关于普惠金融

3.1.1.1 国外研究现状

国外对数字普惠金融的研究是在普惠金融的基础上进行的，主要集中在原因、定义、衡量和影响等方面。

(1) 普惠金融发展的原因。

普惠金融观念的产生，主要是因为社会上的弱势群体不能获得金融市场的支持。

Stiglitz 和 Weiss（1981）指出，在发展中国家，由于信息不完备，银行对低收入阶层实施差异化服务，忽视了低收入阶层的需要，而倾向于高收入阶层。普惠金融概念的根本内涵，就是要为不同的社会阶层建立一套符合自己需要的金融服务系统，要做到这一点，需要政府、金融机构以及社会各界通力合作。

Khandlker（1998）指出，通过小额信贷和普惠金融业务可以每年帮助5%的客户脱离贫困，并且这些财富能够得以维持并产生溢出效应。

Besley 等（1998）研究发现，小额信贷通过产品创新、渠道创新及其制度创新，能够克服信息不对称带来的逆向选择、道德风险和合约实施问题，提高贫困人口投向资金的使用效率，促进农业生产和农民生活水平的提高。

（2）普惠金融的定义和范围。

2005年，联合国首次发起了国际小额信贷年，并将其定义为"inclusive finance system"，这一概念的意思是：为社会各部门，尤其是穷人和低收入群体，建立一种有效的、全方位的金融系统。其重点服务对象是小微企业、农民、城镇低收入人群等弱势群体。

Allen等（2016）将普惠金融定义为"能够使社会所有阶层和群体广泛、无障碍地享受金融服务的一种金融体系"。

与传统金融发展相比，普惠金融发展在内涵、理念等方面是不同的，具体如表3－1所示。

表3－1　普惠金融发展与传统金融发展的区别

概念	传统金融发展	普惠金融发展
内涵	金融深化	金融广化
目的	汇集社会闲散资本、转化为投资	让社会各阶层都能以合理成本享受到金融服务
理念	以效率为导向，利润最大化，风险最小化	机会平等，商业可持续
度量	通常以M2/GDP、信贷/GDP，或股票市场规模/GDP	以网点覆盖率、人均银行账户数、人均贷款等指标形成指标体系

（3）普惠金融的衡量。

国外学者们纷纷建立普惠金融的衡量指标体系。Beck等（2007）选择了8项指标来衡量金融服务水平，如每一万人每百平方公里的ATM数、金融机构的网点数等。Sarma（2010，2011，2013）选择了银行渗透度、金融服务的可获得性和使用状况三个方面的指标，计算了普惠金融发展指数，参考了人类发展指数的构建方法，并对45个国家进行了测算，这三个维度也为后续学者研究提供了范式参考。Rahman（2013）从渗透便利度、吸纳率、利用效率和满意度四个方面对普惠金融进行了加权平均，得到了该指标。Jessica（2015）指出，普惠制金融强调金融服务的全面性和覆盖面，通常以使用金融服务的个人或公司所占的比重衡量，需要借助于新技术手段、为客户量身定做金融产品，以提升普惠金融的覆盖面。

国际金融组织也建立了较为权威的数字普惠金融指标体系。2012年，世界银行建立的全球普惠金融数据库（Global Financial Inclusion Database，Findex）作为国际上具有可比性和可持续监测的普惠金融公众指数数据库，该指标体系更侧重反映用户方金融服务实际使用情况，将其划分为四个方面，分别是账户普及使用、储蓄行为、借贷行为、保险行为等，并将其按性别、年龄、文化程度、收入、城乡等因素进行了细分。金融包容全球合作伙伴组织（Global Partnership for Financial Inclusion，GPFI，2013）所构建的普惠金融指标体系由“可得性”“使用情况”和“金融服务”三个维度构成，共19项指标。

（4）普惠金融的影响。

普惠金融可以缓解中小企业的融资约束。MarkSchreine等（2003）认为，普惠金融可以弥补长尾客户群体在金融服务领域的缺失，缓解小微企业的融资困境等。Asif Dowla和DipalBarna（2006）提出普惠金融能够促进小微企业快速增长，对于缓解小微企业“融资难”，促进社会经济健康、和谐发展具有重要意义。Morgan和Pontines（2014）检验了普惠金融发展和金融稳定性的关系，随着小微企业融资规模不断增大，不良贷款率和违约率逐渐降低，金融稳定性得以增强。

普惠金融有助于实现贫困减缓。Matthieu（2009）以孟加拉国为实例，运用匹配评价技术，发现小额贷款对当地农民的支出、劳动供给以及入学率等方面都有积极的促进作用。Beck（2011）指出，普惠金融能够满足贫困地区人民不断增加的金融需要，让他们能够高效地进行各种金融活动，从而缓解贫穷，推动区域经济发展。蒋长流和 Rashid 等（2011）构建了一个代理人模型框架对小额信贷影响的前期政策实施进行检验，证明了小额信贷对穷人财富水平有正向影响。Sarma 和 Pais（2011）的研究表明，一国的金融普惠水平与其经济、社会发展的现代化程度之间存在高度的正向关系。Chen（2016）认为，普惠金融的扶贫效应显著，能够有效缩小城乡地区间的经济差距。Park Mercado（2016）通过对亚洲发展中国家的研究，发现普惠金融的发展能够有效地缓解贫困，缩小城乡之间的收入差异。Claessenss 和 Feijen（2016）指出，满足贫困群体的金融需求能够提高该群体的预期收入，从而对贫困群体的脱贫具有促进作用。Jin（2017）通过对亚洲、非洲和美洲的数据进行研究，发现普惠金融对各个地区都产生了显著的扶贫效果。

3.1.1.2 国内研究现状

伴随着普惠金融和数字普惠金融的实践发展，我国学者在国外学者研究的基础上，也对普惠金融的界定、衡量和经济影响进行了深入研究。

国内众多学者对普惠金融的概念、范围和特点进行了界定，其中最为权威的是周小川（2013）的界定，他认为，普惠金融是指“通过完善金融基础设施，以可负担的成本将金融服务扩展到欠发达地区和社会低收入人群，向他们提供价格合理、方便快捷的金融服务，不断提高金融服务的可获得性”。然而，普惠金融在我国的实践成果并不理想，张勋、万广华等（2019）指出，存在交易成本过高、服务效率低下等问题；邢乐成等（2019）、战文清和刘尧成（2022）进一步指出，因普惠金融的发展偏离导致了金融服务的高利息贷款的出现，金融致贫时有发生。

国内学者对普惠金融也进行了量化评价。张国俊等（2014）

完善了 Sarma（2011）关于普惠金融发展状况的维度分类信息，运用渗透度、利用度、效用度、承受度等 4 个维度进行测度。2018 年，我国央行在 G20 普惠金融成果的文件的基础上，对我国普惠金融指数进行了 20 多个分类，共 51 个指标，包括银行活跃账户人口比例、电子支付、投资理财、贷款、其他平台借款、金融知识等 51 个方面，涵盖了使用情况、可得性、质量等 3 个方面。

大多数学者认为普惠金融具有显著的减贫作用，普惠金融的发展能够满足弱势群体的金融需求，助力弱势群体发展，促进农村地区的经济发展。杜晓山（2010）认为，普惠金融的发展满足了贫困群体的保险、资金等金融需求，有助于帮助贫困群体改善收入水平。罗斯丹（2016）通过测度我国普惠金融发展水平，指出我国普惠金融的发展满足了弱势群体的金融需求，减缓了贫困群体的贫困程度。马彧菲和杜朝运（2017）通过测度我国普惠金融发展程度指出，普惠金融在促进经济发展的同时具有减贫作用。谭燕芝和彭千芮（2018）通过测度普惠金融发展水平，指出普惠金融可促进经济增长，改善居民收入，进而对减缓贫困具有正向影响。然而，地区金融的发展程度不同，导致普惠金融服务存在差异性。星焱（2016）指出，虽然普惠金融在理论上具有减贫效果，但在实践中，受到地区金融发展水平、结构等方面的影响，普惠金融的减贫作用并不明显；陈建伟和陈银娥（2017）指出，普惠金融的高成本、不可持续以及服务对象不精准等问题，使其在我国的脱贫攻坚战中没有发挥出应有的作用，因此各地应“因地施策”，提出针对本地区的金融扶贫政策。

3.1.2 关于数字普惠金融

3.1.2.1 数字普惠金融的概念和特征

G20 普惠金融全球合作伙伴（2016）指出，数字普惠金融是指所有以数字化或电子方式实现普惠金融的所有形式的金融活动，其核心是负责任、成本低廉、商业可持续，包括各种金融产品与服务（如支付、转账、储蓄、信贷、保险、证券、理财规划和银行对账单服务）。数字化普惠金融相对于传统的普惠金融，可以有效地提高金融服务的覆盖面、可得性和满意度，为社会上的弱势群体提供更多的金融服务和产品，进而提高金融包容性，提高社会福利水平。

数字普惠金融是数字技术与普惠金融的融合。何宏庆（2019）认为，数字普惠金融是一种将大数据、云计算等手段与传统金融服务业态融合发展的新金融服务模式，可实现互联网和金融的有机结合，以及金融需求"普惠性"和"精准性"的有机统一。巴曙松等（2020）指出，数字普惠金融是依托于大数据、区块链等技术，降低了服务门槛，提高了金融供给能力与服务质效，从而更好地满足居民的金融需求。胡联等（2021）指出，数字普惠金融是通过互联网技术，借助计算机的信息处理、数据通讯、大数据分析和云计算等一系列相关技术在金融领域的应用，数字普惠金融很好地诠释了金融科技的初衷和目标，是一种能使长期被现代金融服务业排斥的人群享受正规金融服务的数字化途径。王亚南（2023）指出，数字化技术打破了传统普惠金融发展的瓶颈，扩大了金融服务覆盖面，代表了现代普惠金融发展的方向。

数字普惠金融发展具有三大特征：一是普惠性与高效性。首先，数字化技术的利用高效地推动了普惠金融的商业可持续发展，降低金融交易成本与服务成本，打破了传统金融发展下的时间空间限制，增加金融服务对象（Ketterer，2017；黄益平，2018）。其次，数字普惠金融发展为居民提供金融移动终端完成线上金融服务，减少了线下的等待时间，继而提高了金融服务效率（Jack，2016；宋科等，2022）。二是金融共享性与便利性。数字普惠金融可为社会所有阶层提供所需的金融服务，使得各阶层均可享受数字金融发展带来的红利，并利用数字化技术获得了移动支付与线上融资等便利的金融服务，使得人们足不出户便可享受金融服务（Manyika，2016；贝多广，2017；黄卓，2018；尹应凯等，2020）。三是低成本、高技术。因科技手段日新月异的发展及其在金融市场中的运用，有效降低金融服务成本、信息搜寻成本以及获客成本等，提高了金融产品的服务质量（郭党怀，2018；王勋等，2021）。

3.1.2.2 数字普惠金融的衡量

在GPFI（2016）普惠金融衡量指标体系的基础上，结合数字化特征，Maloumby（2015）等指出可通过网络覆盖率、移动终端金融服务交易情况、电子产品使用率等方面对数字金融指标体系进行构建，并利用构建的指标对各个国家数字金融发展水平进行了测度。Manyika等（2016）则将数字金融的使用程度、金融服务效率等参考指标纳入数字普惠金融的指标构建中。

尽管数字普惠金融在我国发展时限尚短，但对其发展水平的评价体系的建立已基本形成，其主要从多维角度建立适合我国国情的数字普惠金融指标体系。葛和平（2018）、邹伟等（2018）从覆盖范围、应用深度和数字化服务支撑三个方面，建立了中国的普惠金融指数。蒋庆正等（2019）从电子银行使用广度、使用深度、可持续性三个维度，构建数字普惠金融衡量指标体系，采用Cov－AHP层次分析法确定各指标权重，最终得出某一地区数字普惠金融发展水平分值。

目前，学术界普遍采用北京大学构建的数字普惠金融指数。郭峰等（2020）构建了一套涵盖中国31个省区市、337个地级市、2800个县市区的“北京大学数字普惠金融指数”，从数字金融覆盖范围、数字金融应用深度、数字金融数字应用深度三个维度出发，并从多个维度构建数字金融覆盖广度、数字金融利用深度、普惠金融数字化程度等多个维度，以及数字金融使用深度指数下的支付、保险、货币基金、信用、投资、信贷等分类指数，构建中国数字普惠金融的发展态势与空间特征。后续，为保障数字普惠金融指数的真实性与准确性，很多学者进行了多次实地考察，普遍认为数字普惠金融指数对于我国数字金融发展具有代表性，可真实可靠地反映数字金融在我国的发展情况。

3.1.2.3 数字普惠金融的经济影响

数字普惠金融的经济效应是当前研究的一个重要方向，涉及总体影响和具体的影响机制研究。

从整体效果来看，国内外学者采取了多个样本、多个研究方法，但均一致认为，数字化普惠金融具有促进经济发展的作用。Beck 等（2009）将储蓄率、经济增长等变量与普惠金融之间进行实证检验研究，发现两者之间存在互相促进的作用。Khaki 和 Sangmi（2017）指出，通过数字化的方式，数字化普惠金融将加快普惠事业的发展，为低收入家庭提供资金支持，提升其受教育水平，满足其消费需求，推动医疗保障体系建设等。Ozili（2017，2018）认为，数字金融是建立在互联网、移动终端等数字技术的基础上的，它能为非金融机构和个人提供更广泛、更具包容性的金融服务，极大地丰富了传统金融的业务产品，发挥技术的优势，让所有人群无差别地享受金融服务。郝云平等（2019）以柯布—道格拉斯生产函数为理论分析框架，采用空间自回归模型（SAR）方法，检验了普惠金融对经济增长的贡献，并揭示了其对经济增长的影响机理，得出了普惠金融既具有较强的空间关联和集聚效应，对经济增长又具有明显的积极推动作用，呈现三次曲线的促进作用。张勋等（2019）通过中国数字化普惠金融指标与中国居民跟踪调查（CFPS）的数据，论证了数字化普惠金融对中国经济的发展具有推动作用，尤其是对那些拥有较少实物资本或者社会资本较少的家庭进行创业，进而推动中国的普惠金融发展。

蒋长流等（2020）结合地级市层面数字普惠金融指数，从创新驱动的视角，探究数字普惠金融为经济高质量发展增势赋能的内在机理，发现数字普惠金融对经济高质量发展的驱动作用存在一定的网络技术门槛，且存在异质性，这一非线性影响在大城市中存在“收敛门槛”，而在中小城市中则体现为“加速门槛”。张贺（2021）以我国西部欠发达区域为研究对象，运用计量建模方法，分析了数字化普惠金融对西部经济发展的促进作用，得出了数字化普惠金融能够促进西部经济发展的结论，而数字化普惠金融则是通过促进居民收入增长、民营企业发展和产业结构优化三个途径来实现的。

钱海章等（2020）、郭峰等（2021）均认同，数字普惠金融的深化与广化的发展，明显提升了我国金融机构的完善性，促进了我国经济水平的提升。

在总体影响的基础上，国内外学者进一步探究数字普惠金融影响经济增长的作用机制，现有观点如下。

一是数字普惠金融通过实现贫困减缓促进经济增长。Asongu 等（2018）通过考察发展中国家手机银行和居民减贫的关系，指出手机银行的发展促进了发展中国家普惠金融的程度，对居民减贫具有重要意义。Cordeiro 等（2019）提出，除了信贷服务外，数字化普惠金融还构建了一个完善的农村普惠金融生态系统，包括保险、支付、结算、兑换、储蓄、取款、转账、小额信贷、水电费缴纳、金融信息获取等方面，为农民提供全方位的服务和支持。易行健和周利（2018）指出，随着数字普惠金融的发展，农村等欠发达地区以及中低收入家庭的居民消费和收入有所改善。李建军（2019）采用 DID 双重差分法，证明了在普惠金融发展初期，能够缩小城乡收入差距，但在产品市场、要素市场和中介市场发育程度较高，普惠金融对贫困减缓具有负面效应，而良好的制度环境可以有效纠正这一负面效应。张勋等（2019）指出，对于那些之前接触不到金融的农村地区人群来说，数字普惠金融的发展在很大程度上增加了其获取服务的便利性。刘锦怡等（2020）证明，数字化普惠金融既可以通过提高网络贷款、网络保险等途径缓解乡村贫困，又可以通过提高个人就业、民营企业就业等途径间接缓解乡村贫困。张海洋和韩晓（2021）认为，数字普惠金融能显著降低家庭未来陷入贫困的概率，其实现途径为金融素养的提升、资产配置的优化以及信任机制的强化，而这一发现将有助于对我国脱贫攻坚成果的巩固。

二是数字化普惠金融可以提高居民的收入水平、消费水平，从而提高收入分配水平，进而对经济发展产生积极的作用。Mckinnon（1962）、Levchenko（2005）、Beaton（2009）指出，金融发展可通过居民消费贷等金融服务提升居民预期消费水平，继而得出结论，金融发展可促进居民消费行为的产生。Wang 等（2016）证明了数字金融的发展将缩小城乡收入差距，加强乡镇经济振兴，进而推动经济水平的提升。Ozili（2018）认为，数字普惠金融利用其数字化技术提高了金融的可获得性与安全性，为居民提供了更多的融资机会，提升居民收入水平。宋晓玲（2017）研究表明，数字普惠金融在风险管控、数字化技术应用、扩大用户群体等方面发挥着重要作用，具有降低门槛、减贫、缩小城乡居民收入差距等作用。张贺和白钦先（2018）通过考察省级数字普惠金融指数对居民收入差距的影响，指出数字普惠金融具有包容、减贫、增收三大效应，对缩小我国居民间收入差距具有显著作用，还存在地区差异和门槛效应。周利等（2020）通过构建城乡居民家庭信贷门槛模型，并采用基于分位数回归的 MM 分解方法，研究了数字普惠金融对城乡收入差距的影响。研究发现，数字普惠金融的发展有助于缩小城乡收入差距，并主要通过增加金融可获得性和降低门槛效应来实现。邹新月与王旺（2020）采用空间计量方法，考察了数字化普惠金融对中国家庭消费行为的影响及其机理，认为数字化普惠金融能够促进消费，并在消费信用、收入、保险和移动支付等层面发挥着重要的作用。芦彩梅、王海艳（2021）提出，数字化普惠金融发展对居民消费具有显著的推动作用，并且这种影响具有一定的调节作用。黄凯南与郝祥如（2021）通过实证分析发现，数字化普惠金融可以通过提高消费水平，改善消费结构，从而推动消费水平的提升。向玉冰（2022）的经验分析表明，数字化普惠金融可以有效地提高农村居民的总消费水平，并且具有一个门槛效应，即当第一产业的比重小于门槛时，这种推动的效果就会更强。王亚南（2023）、董小凡（2023）均认为，数字普惠金融有助于提高弱势群体的收入水平，增加其创业创新机会，进而促进共同富裕目标的实现。

三是数字普惠金融通过促进区域创新、增加创业和就业机会，促进经济增长。李巍等（2013）指出，金融发展促进就业，但因各个区域经济发展水平不均，继而导致金融发展对就业的影响也有所不同。詹晓宁等（2018）认为，数字普惠金融的发展利用其数字化与信息化技术对各个领域的区域创新水平皆有提升作用，并对区域产业竞争力同样具有促进作用，继而促进就业量的增加。何宗樾等（2020）也证明随着数字金融的发展，包括农村居民、贫困居民等在内的弱势群体“融资难”与“融资贵”问题皆有所缓解，进而对我国居民的收入与就业起到了促进作用。何婧等（2019）认为，数字普惠金融对农村创业者具有激励作用，其主要原因在于，数字金融发展有利于金融服务效率的提升，不断催生多样化的金融服务，缓解创业者的信贷约束，进而提升了农村居民的创业绩效。与此同时，张勋等（2019）则证实了数字普惠金融发展对城镇居民的创业具有一定的抑制作用。对创业是否可减贫的相关分析中，Sutter 等（2019）认为，创业虽不能确保为创业者带来利润，但因其创业行为缓解了弱势群体的收入差距。West

等（2018）也指出，数字金融的发展为创业者提供了其所需的资金需求，为其开展的创业活动提供了帮助，不仅可提高创业者的经营收入，还将对于家庭非经济绩效，即创业者家庭子女的受教育情况产生积极影响，提升个人素养，进而推动共同富裕的进程。

四是数字化普惠金融可以通过降低中小企业的融资约束、推动科技创新等方式对经济发展产生积极的作用。近年来，越来越多的学者开始研究数字普惠金融的微观影响，发现数字金融发展能够驱动企业去杠杆、稳定财务状况，缓解企业的融资难题，从而增加企业技术创新产出。Teece 等（2010）认为，数字普惠金融可以看作是金融的创新，不仅改变了金融服务的商业模式，提升了金融服务质效，Baden – Fuller 和 Haefliger（2013）认为，数字化技术从用户识别、企业价值交付等方面改变了传统的商业模式，降低了金融服务的交易成本、搜寻成本等。Gomber 等（2018）认为，数字普惠金融借助大数据、互联网等科技手段，在很大程度上可以为其以较低成本、较高安全性分析处理大量数据赋能，有利于减少信息不对称和道德风险等问题，进一步有促进创新的可能。Demertzis 等（2018）指出，数字化普惠金融的核心在于精细化的服务过程与精准的风险定价。Omar 等（2018）认为，金融应该以大数据驱动、场景集成和产品创新为基础，将其扩展到更多的领域，减少了对传统金融的限制和制约，数字化普惠金融可以对用户的风险偏好进行更精细的区分，从而在一定程度上减少了金融风险。黄益平和黄卓（2018）认为，数字技术的金融应用使金融市场上的资金配置行为发生改变，有助于中小微企业解决因无法获得运营资金而造成的经营困难。梁榜和张建华（2019）认为，数字普惠金融无论是从其本身的发展或是其三个维度方面均能驱动技术创新，尤其是凭借其普惠型特征能减少融资成本、减轻外部融资约束，最终促进企业创新。聂秀华（2020）指出，数字普惠金融利用高效和普惠的特征，可以整合分析数据，使金融资源配置率上升，改善融资过程中信息不对称情况，为中小微企业突破融资瓶颈带来希望和新的路径。唐松等（2020）的经验分析表明，数字化普惠金融对于科技创新具有明显的“结构性”推动效应。另外，数字化普惠金融还可以通过强化企业去杠杆化、财务稳定性等途径，促进科技创新的产出。吴庆田与朱映晓（2021）从“两个阶段”的视角，实证分析了数字化普惠金融能够提高创新结果的市场对接效率，从而促进企业的技术创新动机。黄国平（2021）认为，数字普惠金融对科技手段的应用可以使中小微企业获得更智能便捷的金融服务，对于信息不对称、金融服务成本高且效率低的问题解决大有裨益。余珍和周磊（2022）认为，数字普惠金融借助科技有助于突破中小微企业发展约束，提高其融资可行性和满意度。李健等（2022）认为，数字普惠金融在提升金融服务质量、提高资源配置效率的同时，为实体经济提供了多样化的金融产品，满足了实体经济的融资需求，提升了企业创新能力，进而实现了经济增长。

3.2　关于乡村振兴的国内外研究现状

3.2.1　乡村振兴内涵和特征的相关研究

国外对乡村振兴的研究可以追溯到20世纪中期。西奥多·舒尔茨（1962）认为只要把增加生产的经济基础作为一门艺术，那么实现农业生产增加的经济政策就是可行的，政府应该加大对农业改革的投资来刺激农业的发展壮大。John Knight（1994）在20世纪80年代调查了日本乡村振兴运动，调查发现在政府的鼓励下，许多外出人口返乡参与了乡村振兴运动，这些外出返乡人员给家乡带回来的不仅是人力，更是先进的教育和丰富的工作经验。Gladwin（2014）研究了美国乡村企业对于乡村振兴的关键作用，乡村企业可以利用好农村地区的劳动力和资源管理，提升当地的就业率，利用当地资源生产产品外销，让其经济发展的潜力得到激发。Onitsuka 和 Hoshino（2018）通过研究日本京都府农村领导人和关键人物的领导力对农村社交网络的促进作用，揭示了在乡村振兴战略发展时，人们需要用面对面会议和电话交谈等方式进行交流，比电子邮件和社交网络更直接，更有利于信息的传递和有效工作。Kinya（2019）以可持续发展目标为基础，以文化旅游为视角，探索乡村振兴的发展方向。McGuire，Longo 和 Sherry（2022）研究了北爱尔兰的一个“聪明”农村发展项目，通过随机效应的二元 Logit 模型来研究社会经济特征以及不同的农村政策如何影响人们的健康和社会隔离，同时衡量英国国家资助的农村发展举措的影响，扩展了对有助于解决农村贫困和社会隔离问题的农村政策的评估。

国内的乡村振兴战略是习近平总书记 2017 年 10 月 18 日在党的十九大报告中首次提出的。刘彦随（2018）研究了当前城乡融合与乡村振兴科学途径及前沿领域，认为城乡融合和乡村振兴的对象是一个整体的系统，本质是一个系统性可持续发展的问题，也是经济社会发展的基础，推进乡村振兴应着眼于乡村地域系统的复杂性、综合性和动态性。王景新和支晓娟（2018）通过森林特色小镇等案例分析认为乡村振兴应该扩展到区域内三次产业的融合发展，从乡村的现代化向规划建设特色小镇与美丽乡村的同步发展。贺雪峰（2018）关注乡村振兴的具体目标，即解决城乡发展不平衡、不充分的问题，进而为广大农民提供生活保障与发展机会。闫周府和吴方卫（2019）认为乡村振兴的内涵是多元化的，乡村振兴战略不仅仅是对以往乡村发展政策的延续，更是对其的升华与超越，其二十字方针也表达了乡村振兴的发展层次和发展要求的升级。吴九兴和黄贤金（2020）实证检验了中国当前乡村振兴发展与空间分布格局的关系，发现乡村发展的着力点应该在我国的中部、西部和北部地区，并指出农民的可支配收入与城乡居民的收入比显示出一个总体上比较大的城乡发展差异，这将对城乡融合发展产生直接的影响。邵晓翀和杜尔玏（2021）基于新发展格局，研究了金融在乡村振兴中发挥的重要作用，金融助力乡村振兴，具有农村金融机构数量快速增加、金融组织体系日趋完善、涉农贷款稳步增长、数字金融逐步推进、金融服务质量持续提升等重要现实基础。夏延芳和王国勇（2022）在探讨脱贫攻坚与乡村振兴衔接的过程中，认为社会质量理论与后脱贫攻坚时代的乡村振兴存在多维契合，并为诠释脱贫攻坚与乡村振兴的有机衔接提供了新的理论分析视角。刘慧娴（2022）指出，目前乡村振兴战略背景下，乡村精神脱贫已成为党和国家需要重点关注的新问题，实现乡村精神脱贫的实践路径必须从激发农民脱贫内生动力、发展乡村基础教育和职业技术培训教育、建立健全乡村精神脱贫保障机制三个层次入手。鲁邦克（2023）研究了乡村振兴对经济社会高质量发展的影响效应，并利用空间溢出效应分解分析各省区市经济社会高质量的空间相关性，发现乡村振兴发展对本省区市的经济社会高质量发展有促进作用，而且对相邻地区和经济相近地区的经济社会高质量发展水平都有促进作用。

3.2.2 乡村振兴的发展测度的相关研究

为切实衡量乡村振兴实施效果，为各地区践行乡村振兴战略提供因地制宜的举措建议提供依据，学者们开始了对乡村振兴评价指标体系的研究。20世纪80年代，Cloke等（1986）运用主成分分析法构建了用于评价英格兰和威尔士乡村发展水平的指标体系。随着社会经济的不断发展，学者们结合时代性、创新性等因素，对此评价指标体系不断补充完善，并分别对土耳其（Gulumser，2009）和汉堡市（Duenckmann，2010）的乡村实际发展情况进行了评价。

从国内文献可知，我国很多研究者都以“十四五”规划与《乡村振兴促进法》中国家对促进乡村振兴的总要求为基础，即以《乡村振兴促进法》中提到的产业兴旺、生态宜居、乡风文明、治理有效与生活富裕5个方面为基础，继而再建立二级和三级指标测度乡村振兴的整体发展水平（张挺、李闵榕、徐艳梅，2018；韦家华、连漪，2018；蔡兴等，2019；闫周府、吴方卫，2019；张雪等，2020；李季刚、马季，2021；鲁邦克，2023；等等）。贾晋等（2018）在乡村振兴战略“五位一体”的基础上，选取了35个细化指标，构建出“六化四率三治三风三维”的评价指标体系，并发现大多数省区市处于发展相对滞后阶段。杨琴（2020）通过“人民福祉”“可持续发展”“创新驱动”和“协调发展”四个方面来测度乡村旅游业高质量发展的情况，发现微观主体合作协调是乡村旅游业高质量发展的基础，而全要素生产率是经济增长方式的基础。此外，还有部分学者从农村发展水平及其耦合协调度（袁久和、吴宇，2018）、农村人力资源开发（杨丽丽，2019）、新型城镇化（徐维祥等，2020）以及城乡关系（闫周府、吴方卫，2019）等角度出发，对乡村振兴实施成果展开特色性评价。

城乡融合水平是乡村振兴发展中不可忽略的点，以城市的经济社会发展带动乡村发展，能渐渐带动乡村的经济和收入的提升，因此对城乡融合水平的测度也是许多学者研究的方向。刘明辉和卢飞（2019）认为城乡的要素市场改革是改变城市和乡村之间的必要选项，也影响着城乡融合发展的提升，利用2000~2015年的我国省级面板数据，分别测度出城乡要素错配程度和城乡融合发展水平，得出了农业部门的要素错配状态完善是城乡融合发展的关键动力，非农部门的要素错配恶化阻碍了城乡融合发展的重要制约因素，城乡要素错配严重制约城乡融合发展的结论。

数字农业的发展是支撑我国农业农村现代化的现实基础，同时也是乡村全面振兴的重要途径。张鸿、王浩然和李哲（2021）对数字农业高质量发展进行了研究，用2015~2019年的数据测度了31个省区市的数字农业发展情况，得到了全国的数字农业发展情况，整体在不断提升且各自之间差距明显，西部地区处于中等以下水平，与平均水平相比存在差距。

3.2.3 乡村振兴影响机制的相关研究

对于乡村振兴发展的作用机理，John（2002）认为，解决农民的温饱需求是传统农业的使命，同时，现代农业还必须强化生态环境，推动人与自然的和谐相处，从而使农村经济与社会可持续发展。Ojo和Hairul（2013）指出，国外的乡村振兴主要是针对乡村衰退现象展开的，如美国、德国、日本等发达国家与南非、印度等发展中国家都面临着这个问题。Uasily等（2014）认为，通过构建多元化的、充分的就业途径，可以推动农村多元化的工业发展，从而提升农户的收入。Liu和Li（2017）指出，乡村衰退是一种全球现象，应该重视抑制其发展蔓延，特别是要协同推进城镇化建设与乡村振兴。Nataliia等（2019）从内生发展视角，对农村治理中的参与人进行了能力考察，并对其在农村治理中所遇到的问题进行了分析。

国内学者也对乡村振兴的发展路径和影响机制进行了较为深入的研究。廖彩荣和陈美球（2017）从理论逻辑、科学内涵和实现路径出发，认为乡村振兴战略是党中央新时代“三农”工作的新要求、新部署、新战略，这就要求推进农业供给侧结构性改革，加快实现农业农村现代化。黄祖辉（2018）认为，在具体实施乡村振兴战略时，要从区域新型城镇化和农村差异化发展的现实状况出发，做到因地制宜、因时制宜。黄巨臣（2019）指出，教育扶贫政策是推进乡村振兴战略的重要途径。他分析了农村教育所面临的问题，并提出了一种“三位一体”式联动路径的解决方案。该方案旨在通过协调教育、产业和社会资源，促进农村教育的全面发展和乡村振兴。张晖（2020）指出，城乡关系融合是根本动因，农业农村现代化是根本目标，广大农民共享发展成果是根本宗旨，建立健全城乡融合发展机制是根本举措。乡村振兴是解决“三农”问题的理论依据，也是未来“三农”建设的指导方针。张婷婷（2021）认为我国乡村振兴的出发点是新时代协调发展、建设现代化经济体系以及全面建成小康社会的必然要求。刘妮雅（2021）对目前我国农业、农村、农民面临的问题进行了剖析，并针对乡村振兴战略的根本需求，提出了相应的对策。陆岷峰（2021）认为，在低碳经济的背景下，数字化技术的发展已经引起了农村居民的生活模式的变革，而通过数字金融服务来促进乡村振兴是一种必然趋势。孙九霞（2022）将乡村旅游作为乡村振兴的重点，建立了相应的评估模型，对其进行了评估。蒋晓羽等（2022）将视角放在新时代科技助力乡村振兴的发展趋势上，指出科技参与、“互联网＋农业”能够极大地拓宽乡村农业的发展道路。杨文毓、石欣瑶（2022）指出农村生态文明的建设关系到乡村振兴战略的重要实施，为此应该坚持发展生态农业，完善农村地区生态文明建设制度，加强农村地区生态教育普及。刘慧娴（2022）指出，目前乡村振兴战略背景下，乡村精神脱贫已成为党和国家需要重点关注的新问题，实现乡村精神脱贫的实践路径必须从激发农民脱贫内生动力、发展乡村基础教育和职业技术培训教育、建立健全乡村精神脱贫保障机制三个层次入手。张慧霖（2022）指出，为了顺利实现乡村振兴战略，要加快农村生态环境治理的步伐，毫不动摇地坚持党的领导，牢固树立人与自然和谐共生的理念，健全系统完善的生态环境治理制度体系，提高生态环境治理科技创新能力，共同推进美丽乡村建设。毕昕玥（2022）分析了“双碳”目标下绿色金融支持乡村振兴的机理和现状，研究发现，基于“双碳”目标，绿色金融既服务于乡村振兴，同时在服务的过程中也存在一些问题。为推动乡村振兴战略与“双碳”目标的实现，绿色金融可以通过完善绿色金融支持乡村振兴配套机制、健全乡村振兴绿色金融供给体系、增强绿色金融支持乡村振兴责任感等路径，推动乡村振兴的发展。李盼杰（2022）阐述了我国民营企业服务乡村振兴的现状和存在的问题，提出民营企业服务乡村振兴需要不断优化政策环境，探索村企共赢的机制，补全企业发展所需条件，增强企业家的乡村振兴意识，从而更好地服务乡村振兴。

3.3 数字普惠金融和乡村振兴关系的相关研究

3.3.1 金融发展对乡村振兴的影响研究

金融发展理论认为，金融发展服务于实体经济，也有利于推动农村地区经济的发展。Johnson（1989）认为金融发展对于乡村振兴的实施具有重要意义。

在国内，金融发展与乡村振兴关系的研究也较为丰富。蔡兴、蔡海山等（2019）从理论和实证两个方面验证了金融发展对乡村振兴的正向影响，且存在门槛特征。王修华（2019）表明，多样化、高质量、差异化的金融服务是推进乡村振兴的重要驱动力量，而当前中国农村金融支持乡村发展还面临资金外流、支持力度不足、金融对农业领域的排斥以及相应的政策支持不足等问题，这些问题对乡村振兴战略的有效实施产生了很大的影响。刘世波、邓生朋等（2020）基于研究金融支持对乡村振兴战略的路径选择，实证比较鲁浙贵3省金融支持乡村振兴的异同。研究发现，山东、浙江乡村振兴发展较好，贵州虽然发展起步较晚，但呈现后发赶超的趋势。基于此，他们对如何加快推进金融支持贫困地区乡村振兴提出政策建议。

3.3.2 普惠金融对乡村振兴的影响研究

我国普惠金融主要集中在农村、老弱病残等贫困地区，这与“三农”战略的实施有一定的重叠性，因而学术界对两者之间的联系展开了探讨和研究。

Chibba（2009）提出，普惠金融能够有效地解决区域发展不均衡问题，并在一定程度上解决了城乡收入差距过大的问题。Ambreena（2010）通过对一些发展中国家的发展情况进行了对比，结果表明，普惠金融的实施有助于减轻其贫穷程度。Dian Jin（2017）采用2004～2013年亚洲、非洲、拉丁美洲86个国家的面板数据，证明普惠金融发展能够减少贫穷，而亚洲、非洲、拉丁美洲普惠金融发展对减贫效果却不同。Park（2018）通过探究和分析普惠金融能否减缓贫困发生率发现，普惠金融发展水平越高，其贫困率也就越低。

蔡兴（2018）从产业、生态、福祉、文化、政治五个维度，构建区域乡村振兴发展程度的评估指标，运用最小二乘、工具变量、门槛效应等方法，检验传统金融发展对乡村振兴的推动作用。实证分析表明，金融发展对乡村振兴具有显著的积极作用，但其作用机理尚不明确。马俊、李季刚（2020）通过构建向量自回归（VAR）模型，对新疆地区开展了实证研究，结果表明普惠金融对于乡村振兴具有推动效应，但其反向效应并不成立。赵健（2020）测算各省区市普惠金融发展状况，检验不同区域普惠金融发展的扶贫效果，发现普惠金融持续发展对缓解农村贫困具有显著的促进作用，且表现为“U”形变化。邹新阳、温涛（2021）提出要重视普惠金融业务体系的建设健全，要创新产品、加大对农村小微金融机构的支持力度，以提高普惠金融的社会绩效，服务于乡村振兴。熊正德、顾晓青等（2022）研究发现，普惠金融能够积极影响乡村的经济、文化和生态建设，而在政治和社会建设方面的作用并不显著。

但是，传统的普惠金融在服务乡村振兴的进程中还面临诸多的困境与障碍。Jeanneney 和 Kpodar（2011）的研究表明，普惠金融不仅没有减少贫困人口，反而有可能提高贫困人口的比例，对乡村发展不利。Klapper（2019）通过对全球金融包容数据库的分析，认为居民在利用金融服务方面存在较高的成本。韦颜秋、王树春（2019）认为，“三农”服务主体分散，个人信用规模小，信用风险高，普惠金融难以开展。王安文等（2020）认为，我国农村普遍存在严重的信息不对称和信用记录不健全等问题，这对普惠金融的发展设置了很大的障碍。

3.3.3 数字普惠金融对乡村振兴的影响效应研究

国内外众多学者基于不同视角探讨数字普惠金融对乡村发展的影响，且大部分学者认为，利用数字技术，数字普惠金融可以突破地域限制，在金融服务的精度和广度上进行拓宽（Alemayehu et al.，2006），缓解农户创业的融资约束（Beck et al.，2018），推动乡村发展，进而促进乡村振兴。任碧云和李柳颖（2019）基于微观调查数据发现，数字普惠金融能通过数字支付、数字借贷和数字金融服务来促进农村经济发展。黄益平和陶坤玉（2019）认为金融服务的数字化为低收入和弱势群体获得低成本金融服务提供了机会，有利于农村地区特别是欠发达地区贫困减缓，从而缩小城乡收入差距。康书生与杨娜娜（2022）建立了一个衡量乡村产业振兴的指标体系，利用固定效应模型验证了数字化普惠金融的发展可以推动乡村产业的发展，且数字化程度的作用效果最为显著。

部分学者直接以乡村振兴为研究对象，通过在实证分析中引入构建的乡村振兴发展指数，来量化分析数字普惠金融对乡村振兴的影响。谢地和苏博（2021）采用系统 GMM 和门槛效应模型来检验数字普惠金融发展对我国乡村振兴的影响，均发现前者对后者存在显著促进效应。李季刚和马俊（2021）证明了数字普惠金融的覆盖广度与数字化程度对乡村振兴的促进作用更为显著，此外，数字普惠金融与乡村振兴之间的关系存在单一门槛特征。但田霖等（2021，2022）发现两者关系存在双重门槛效应，当数字普惠金融指数位于第一、第二门槛值之间时，其对乡村振兴的影响作用最弱；当指数超过第二个门槛值时，它对乡村振兴的促进作用显著增强。葛和平和钱宇（2021）提出要解决“三农”难题，就要大力发展数字普惠金融，发挥其积极效应，且数字普惠金融对乡村振兴的影响并非单纯的线性关系，而是先抑制后促进的“U”形关系。此外，葛和平和钱宇（2021）采用空间滞后模型，实证检验了数字化普惠金融对乡村振兴的作用，结果表明，数字化普惠金融的发展不仅可以促进乡村振兴，而且会产生明显的空间外溢效应，还可以带动周边村庄的发展。在得出数字普惠金融有利于促进乡村振兴发展结论后，尹振涛等（2021）以幸福经济学理论为基础，提出普惠金融发展推进乡村振兴的落脚点是提高农户幸福感，并利用相关的经济数据对农户幸福感进行了实证分析，揭示了金融科技通过增加农民收入、资本支持和均衡效应提高农户幸福感的机制。徐希瑞等（2022）测算数字普惠金融与乡村振兴两者耦合协调度，发现两者耦合协调程度逐渐向有序、协调的高水平阶段迈进，空间上呈“东高西低”，政府干预程度、对外开放程度、经济发展水平、数字基础设施以及城市化水平等推动两者协调发展。王敏等（2023）还发现这一促进效应在数字基础设施和传统金融发展的影响下存在区域异质性，促进效果在高人力资本水平地区和高消费地区更佳。

虽然多数学者支持数字普惠金融发展有利于乡村振兴的结论，但也有学者提出相反的观点。吴本健等（2017）指出，农村互联网设施不完善、农户自身金融素养较低等原因造成的“工具排斥”和“自我排斥”也会影响数字普惠金融的普惠广度和深度，从而不利于农村地区实现脱贫，也影响了乡村振兴的进程。张贺和白钦先（2018）通过门槛效应分析发现数字普惠金融与城乡收入差距的收敛性呈非线性关系，且随着金融效率的提高，西部地区城乡收入差距会进一步扩大。Haddad等（2019）指出，从城市沿袭而来的强制性监管手段可能会挫伤农村金融市场参与主体的积极性，同时，数字技术风险和金融监管滞后等情况对农村地区的贫困减缓有负面影响。例如，依托数字普惠金融将业务开拓到农村等偏远地区的部分网络借贷平台因缺乏监管成为非法集资等骗局的发源地，有悖于“普惠性”的初衷和减缓贫困的目标。卫晓峰（2019）指出，监管模式与当下农村金融市场不匹配，因此要构建合理的监管框架，加强数字普惠金融发展给使用者带来的资金、信息风险的审慎监管，降低因数字技术特性带来的复杂风险。

3.3.4 数字普惠金融影响乡村振兴的效应机制研究

现有研究成果主要将数字普惠金融对乡村振兴的影响机制分为四种：缓解信贷约束，缩小城乡收入差距，减缓农村贫困，促进农村产业升级。

在缓解信贷约束方面，杨波等（2020）发现数字普惠金融能通过数字支付渠道来降低居民与金融机构间的信息不对称。黄倩等（2019）指出，较低的边际成本能有效缓解农户的金融排斥，提高农村地区的正规信贷可得性。谭燕芝等（2022）证明了数字普惠金融促进农村居民消费特别是生存型消费，缓解农户的信贷约束。胡超、孙继国（2022）基于30个省区市面板数据进行实证分析，发现数字金融能够通过缓解农村信贷约束和促进农业科技创新来推进乡村振兴。

在缩小城乡收入差距方面，宋晓玲（2017）利用国内面板数据，对数字化普惠金融如何降低城乡收入不平等进行了实证研究，并从理论上证明了数字化普惠金融能够显著降低城乡居民的收入差异。贾娟琪（2019）以面板数据为基础，对两者的关系进行了深入的分析，认为数字普惠金融的迅速发展既能有效地减少城乡差异，又能通过提升互联网发展水平、人口素质等途径减少城乡间的差距。何广文和刘甜（2019）明确指出，在乡村振兴的大背景下，农户创业是实现产业繁荣的重要一环，而区域金融的发展能够缓解融资约束、分散创业风险、加强信息分享，从而提高了农民创业的收入预期，从而为农业农村的可持续发展提供强有力的支持。易阳和王磊（2020）通过建立空间动态杜宾模型，证明数字化普惠金融不但能有效缓解区域间的收入差异，而且能对邻近区域产生正效应。蔡宏宇和阳超（2021）认为，数字普惠金融能够拓展金融服务场景，提供可满足农村经营主体多样化需求的金融产品与服务，促使城乡间金融服务机会均等化。张启文等（2022）利用面板数据模型进行实证分析，证实了数字普惠金融在缩小城乡收入差距方面起到正向作用。孙继国和赵俊美（2019）、康超（2022）认为，数字普惠金融对城乡收入差距的缩小效果比传统普惠金融更显著，从而促进城乡经济融合发展。

在减缓农村贫困方面，Gomber等（2017）认为，数字化普惠金融可以突破时间和空间限制，向贫困人口提供足够的金融服务，满足他们的对应需求，进而实现减贫目标。吴金旺等（2019）基于浙江嘉兴的调研数据得出数字普惠金融的发展具有显著减贫效应的结论。钱鹏岁和孙姝（2019）证明了一个地区的数字普惠金融发展能产生正向的空间溢出效应，不仅有利于本地区的贫困缓解，还有利于降低其关联地区的贫困率。董玉峰和陈俊兴（2020）对数字化普惠金融的减贫效果进行了理论分析，认为数字化普惠金融可以解决减贫过程中的商业与社会两个目标之间的矛盾，进而实现对贫困地区的精准脱贫，减少其致贫风险。刘锦怡和刘纯阳（2020）研究表明，数字化普惠金融可以从两个途径缓解农村贫困：一是通过增加金融供给而间接减少贫困；二是通过对就业的影响，间接地减少了农村的贫困程度。

在农村产业升级方面，何婧等（2021）以 2010～2018 年湖南省 87 个县级城市为样本，从金融渗透和利用效率两个方面对我国农村地区的金融发展进行了合理的刻画，并对其进行了实证检验，结果表明，金融渗透不仅能直接促进农业产业化发展，还能通过影响金融获取而间接地推动农业产业化发展。刘爽（2022）在研究农村产业发展现状和数字普惠金融应用情况的基础上，进一步分析了数字普惠金融对农户和小微企业信贷的影响，同时针对基础建设、人才培养、农户体验、风险控制等方面存在的问题，提出了具体的解决方案，为推动乡村产业升级和优化资源配置提供了参考。杨玉文等（2023）认为，数字普惠金融通过缓解农村中小微企业的信贷约束和信息不对称，提高其信贷可得性和融资效率，进而改善其金融环境，激发创新创业活力，促进县域产业升级。

3.4 文献述评

本书通过梳理国内外相关文献发现，当前对于数字普惠金融、乡村振兴以及数字普惠金融对乡村振兴影响三个方面的研究成果已十分丰富，为我们提供了重要的参考价值和借鉴意义。在数字普惠金融方面，由于概念出现时间较晚，国外对此研究较少，学者们大多结合普惠金融的内涵对其进行阐释，注重其普惠性质的研究。受制于数据可得性等因素，数字普惠金融的测度广泛采用北京大学数字普惠金融指数，其他学者大多在参考该指数的基础上，结合自身研究目的对指数进行修改、完善。在乡村振兴方面，国内外学者以防止乡村衰落、激发乡村发展活力为目的对乡村振兴的内涵、意义展开了多样化研究。同时，学者们综合考虑研究对象和研究目的，在“五位一体”的基础上选取不同指标构建出合理化、特色化、个性化的乡村振兴评价指标体系。

在数字普惠金融和乡村振兴两者关系方面，学者们以多个省区市不同地区的数据来源为基础，建立各种计量模型，对两者的影响效应及其作用路径进行研究。虽然学者们的考虑基本出发点不同，但是总体结果基本一致。其主要存在两种观点：一种观点是数字普惠金融服务助力于乡村振兴，并梳理出缓解信贷约束，缩小城乡收入差距，减缓农村贫困和促进农村产业升级四种影响机制；另一种观点则认为两者之间并不存在明显的线性关系，具体包括单一门槛特征、双重门槛特征以及“U”形关系（先抑制后促进）。虽然以往研究已经表明了数字普惠金融对乡村振兴具有积极作用，但有些地区的农村居民对于数字普惠金融仍具有排斥心理，这也是城乡收入发展差距大、普惠程度不均衡的原因之一，接下来的重要任务是建立健全普惠金融业务体系，要创新产品、加大对农村居民金融知识的普及程度，首先要精神脱贫，才能更好地服务于乡村振兴。

虽然国内外学者从不同角度就数字普惠金融对乡村发展、乡村振兴的影响进行了理论和实证分析，但仍存在一定不足，具体如下：

首先，在研究对象方面。已有研究多集中在国家尺度上探索数字化普惠金融对乡村振兴的影响，少有文献从省域视角出发研究某一省级行政区中两者之间的影响，忽略了各地区、各省区市之间数字技术、乡村经济结构等要素的差异性，从而使得政策建议缺乏针对性。

其次，在乡村振兴指标体系构建方面。现有文献大多基于乡村振兴“五位一体”的目标任务选择二级指标构建乡村振兴的衡量指标体系，尚未形成权威的、客观合理的评价指标体系，笔者认为应结合具体的地域特征选择二级指标，既包括宏观层面的评价指标，也包括中微观层面的指标来度量村域、县域的乡村振兴进程。

再次，在影响异质性上。虽有学者对数字普惠金融对乡村振兴的异质性影响进行了实证分析，但大多局限于区域异质性，且以中部、东部、西部为区域划分依据，地理范围较为宽泛，缺乏以地级市为单位的异质性分析。此外，我国经济发展水平、金融监管水平和人口文化水平等因素都会对数字化普惠金融的作用效果产生一定的影响。

最后，在影响路径上。学者们大多关注数字普惠金融对乡村振兴的直接影响，忽视其中存在的间接影响效应，使得数字普惠金融对乡村振兴的影响机制处于“黑盒”中，而笔者更强调间接影响效应，即具体影响路径。

第4章 我国数字普惠金融发展现状

4.1　数字普惠金融相关政策

普惠金融特别是数字普惠金融受到国际社会的普遍关注。联合国于2005年正式提出普惠金融（也被称为包容性金融）的概念，并呼吁各国不断完善金融顶层设计，为所有社会群体提供可负担的金融服务，推动了传统金融机构的金融服务深度延伸与扩张。2016年9月，G20杭州峰会发布由普惠金融全球合作伙伴（GPFI）制定的《G20数字普惠金融高级原则》，激励各国广泛使用数字技术来使传统金融革新换代，为各国数字金融发展建立了框架基础。

在我国，普惠金融备受重视，其中促进数字普惠金融的扩张一直是党和国家关注的重要议题，为此我国政府组织付出了巨大心血，为推动数字普惠金融发展而制定了一系列相关政策。2013年，《中共中央关于全面深化改革若干重大问题的决定》中指出，要将发展普惠金融作为金融行业一个重要的工作方向。2015年，中国人民银行等十部委发布的《关于促进互联网金融健康发展的指导意见》指出，与传统金融机构相比，互联网金融是一种新兴的金融商业模式，能够促进传统金融和科技公司逐渐向金融数字化发展。2016年年初发布的《推进普惠金融发展规划（2016～2020年）》（以下简称《规划》），对于普惠金融的发展具有重要的意义，它首次将普惠金融上升至国家战略目标，《规划》指出要将推进普惠金融的发展作为农村工作的重点。数字普惠金融在许多地区逐步得到了规范实施的政策支持，这推动了其在各地区的发展，尽管程度有所不同。2019年发布的中央一号文件再次强调要大力发展农村普惠金融，全面推进乡村振兴战略，这一系列政策文件的实施，给予了数字普惠金融更加开阔、更加包容的政策空间，充分激发了数字普惠金融的发展动力。2020 年，受疫情的影响，国家发展改革委提出了一些具有重大意义的措施，以建设新型的基础设施为目的，其发展的动力为创新的技术，基础为庞大的信息网络，旨在支持金融服务的数字化转型、智能化升级以及创新融合。这一战略对于稳定推进数字普惠金融的发展起到了积极的引导作用。2022 年伊始，央行印发了《金融科技发展规划（2022～2025 年）》，为新时期的金融科技发展勾勒蓝图、明晰脉络，并提出了八大重点任务，其中包括强化金融科技治理、全面加强数据能力建设、建设绿色高可用数据中心、深化数字技术金融应用、健全安全高效的金融科技创新体系、深化金融服务智慧再造、加快监管科技的全方位应用、扎实做好金融科技人才培养。2023 年 9 月，国务院印发《关于推进普惠金融高质量发展的实施意见》，要求在未来五年基本建成高质量的普惠金融体系，努力实现基础金融服务更加普及、经营主体融资更加便利、金融支持乡村振兴更加有力、金融消费者教育和保护机制更加健全、金融风险防控更加有效、普惠金融配套机制更加完善的目标。

总结来看，我国政府非常重视数字普惠金融的发展，并且这种发展需要得到国家政策的强力支持。近年来出台的关于（数字）普惠金融的政策见表 4－1。

表 4－1　　支持数字普惠金融发展的部分相关政策

时间	相关政策和文件	主要内容
2013 年 11 月	《中共中央关于全面深化改革若干重大问题的决定》	发展普惠金融鼓励金融创新，丰富金融市场层次和产品
2015 年 7 月	《关于积极推进“互联网＋”行动的指导意见》	“互联网＋”普惠金融，鼓励互联网与银行、证券、保险、基金的融合创新
2016 年 1 月	《推进普惠金融发展规划（2016～2020 年）》	大力发展普惠金融，提高金融服务的覆盖率、可得性和满意度

续表

时间	相关政策和文件	主要内容
2016年3月	《关于金融助推脱贫攻坚的实施意见》	鼓励探索利用移动支付、互联网支付等新型电子支付方式开发贫困地区支付服务市场，填补其基础金融服务空白；提高金融消费者的金融知识素养和风险责任意识
2016年9月	《普惠金融发展专项资金管理办法》	由中央财政提供专项资金，支持和引导地方政府、金融机构和社会资本进入普惠金融领域
2018年2月	《乡村振兴规划（2018～2022年）》	发展乡村普惠金融指导大型商业银行立足普惠金融事业部等专营机制建设，加大对乡村振兴信贷支持，鼓励证券、保险、担保、基金、期货、租赁、信托等金融资源聚焦服务乡村振兴
2019年2月	《关于金融服务乡村振兴的指导意见》	数字普惠金融要在农村得到有效普及，要创新金融产品和金融服务方式更好满足乡村振兴融资需求
2021年3月	《中华人民共和国国民经济和社会发展第十四个五年规划和2035年远景目标纲要》	健全具有高度适应性、竞争力、普惠性的现代金融体系，构建金融有效支持实体经济的体制机制，增强金融普惠性
2022年1月	《金融科技发展规划（2022～2025年）》	为新时期的金融科技发展勾勒蓝图、明晰脉络，并提出了八大重点任务
2022年4月	《关于2022年进一步强化金融支持小微企业发展工作的通知》	进一步提升金融服务的质量和效率，扩展服务覆盖面。稳步增加银行业对小微企业的信贷供给，促进综合融资成本合理下降，丰富普惠保险产品和业务，为小微企业提供融资增信和保障服务
2022年4月	《“十四五”国家信息化规划》	积极实施数字普惠金融服务行动，谱写数字普惠金融服务新篇章，提升金融服务百姓民生水平，扎实推进共同富裕

续表

时间	相关政策和文件	主要内容
2023 年 9 月	修订后的《普惠金融发展专项资金管理办法》	由中央财政提供专项资金，用于创业担保贷款奖补、支持普惠金融发展示范区奖补、农村金融机构定向费用奖补等方面
2023 年 9 月	《关于推进普惠金融高质量发展的实施意见》	优化普惠金融重点领域产品服务，支持小微经营主体可持续发展，助力乡村振兴战略有效实施，提升民生领域金融服务质量，发挥普惠金融支持绿色低碳发展作用

4.2 数字普惠金融的发展阶段

4.2.1 数字普惠金融的国际发展历程

从全球这个宏观范围来说，数字普惠金融，即将金融和科技融合推动，历程大致可以分为三段：第一阶段是有关金融领域，从模拟技术向数字技术的过渡，其中信用卡和 ATM 机等的出现标志着这一过渡；随后进入了数字金融的第二阶段，在这个阶段，传统金融业主导下利用互联网技术展开线上金融活动，促进金融流程电子化，代表产品为电子银行；第三个阶段则是自 2008 年至今全球数字金融迅速发展的新阶段，利用人工智能、区块链、云计算、大数据等新技术推动金融业发展。这一阶段非金融企业利用新技术开创金融服务，创新金融产品，改变传统金融服务模式，加速了传统金融业的变革，代表产物包括供应链金融和金融科技企业等。

4.2.2　数字普惠金融的国内发展历程

我国数字普惠金融的演进可划分为三个阶段，主要从金融服务业务规模的角度来看，划分为：起步期（2004～2012 年），壮大期（2013～2015 年），稳固期（2016 年至今）。

第一个阶段为起步期（2004～2012 年）。在这个阶段，通过与第三方支付和网上借贷的结合，普惠金融尝试加入数字化技术手段，转化为数字普惠金融模式。支付宝通过技术创新，通过防范线上支付过程中可能产生的诈骗等来确保线上支付的安全，除了保障阿里巴巴集团线上便利支付外，同时也为越来越多的第三方合作平台提供保障，使得支付更加便捷及安全，因此电商行业迅速崛起。在电商行业发展的同时，传统金融服务也在寻求创新，利用便利安全的线上支付发展金融服务。通过线上支付和网络借贷，数字普惠金融迈出第一步。除了线上支付外，网络借贷也是促使数字普惠金融发展的一个重要方式。例如，阿里巴巴集团成立了旨在为电商发放贷款的小额贷款公司，在促进网络借贷发展的同时，电商企业的发展也会促进线上支付的繁荣。

第二个阶段为快速发展时期（2013～2015 年）。这一阶段数字普惠金融各种业态均实现了较为快速的增长，用户基数增加的同时覆盖面也进一步扩大。在快速发展阶段，增加了互联网理财和互联网保险业务。余额宝和蚂蚁金服是互联网理财和互联网保险中最具有代表性的产物。余额宝在 2013 年 7 月成立，成立初期，由于其相对于一般存款利率高、门槛低、取款时间短、线上操作便捷等因素，吸引了大量的用户，使得资金快速流入余额宝，余额宝被视为一种较为稳妥便捷的理财方式。与此同时，蚂蚁金服于 2013 年 10 月成立，通过大数据和云计算等技术，可以为消费者提供成本低且便利的金融服务，推进数字金融与实体经济的深化与融合发展。因此，以余额宝和蚂蚁金服为代表的数字金融为数字普惠金融的快速发展提供了支持。

第三个阶段为稳固发展的时期（2016 年至今）。2016 年年初，《推进普惠金融发展规划（2016～2020 年）》发布，标志着普惠金融成为我国的国家战略之一，也为数字普惠金融的发展指明了方向。后续，一系列政策和文件的发布为数字普惠金融的健康发展提供了支持和保障。在这一阶段，金融监管成为数字普惠金融发展的重点，数字普惠金融的发展逐步走向成熟。一个新兴事物的产生总是有利有弊，数字普惠金融在生活中的广泛应用在为企业（特别是中小企业）和居民（特别是低收入群体）提供服务便利的同时，更需要对其进行合理的监管，旨在为数字普惠金融的发展提供安全保障。在稳固发展时期，数字普惠金融有两个很明显的特征：一是更加广泛的金融服务覆盖区域，通过数字化技术与普惠金融相结合，突破了金融机构为考虑成本而在经济发展较好、人口密度较高地区设置网点而经济发展较差地区往往得不到需要的金融服务的弊端，减少金融排斥，使得更多的人群可以获得突破时间空间的便捷化的金融服务，金融服务的覆盖面积增加；二是更加低廉的金融服务成本，金融机构通过减少其线下网点的设置，运营成本减少，并且在数字技术支持之下，用户可以获得更加适合自身情况的金融服务，业务流程简化，服务成本降低。

可以观察到，数字普惠金融当前更专注于利用互联网为主导，借助新技术进行金融服务的创新，而非简单地将基础金融服务搬至互联网平台。这种变革使得数字普惠金融得以触及传统金融未能覆盖的地域，为那些地区的人们提供更为便捷的金融服务，解决了传统金融在“最后一公里”上的难题。

4.3 我国数字普惠金融的最新现状和困境

4.3.1 数字普惠金融最新进展

4.3.1.1 数字普惠金融业态和数字普惠金融指数

我国数字普惠金融正快速创新发展，不断演变着其业务模式和形态。当前主要涵盖许多的新型金融形态，如数字支付、数字货币、线上信贷、智能投顾、数字证券、智能理财、数字保险，详见图4-1。数字技术赋能金融只是开头，数字普惠金融对社会的影响是全面的，其中的路径有很多，一个是更高效率地支持实体经济，另一个是服务数字经济。

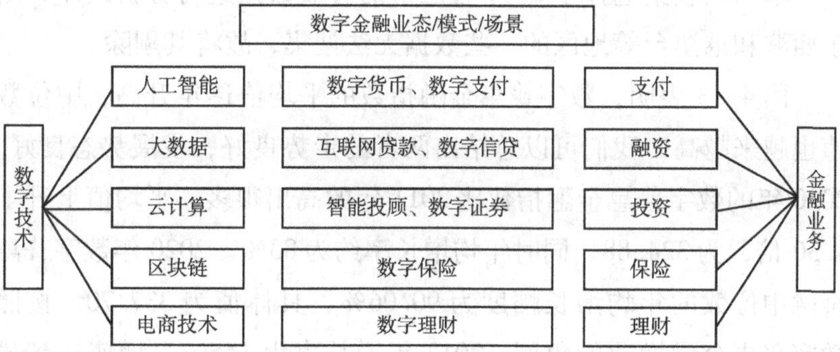

图4-1 基于数据和技术的数字普惠金融业态

目前，北京大学数字普惠金融指数（2011~2020年）是学术界公认的具有较高权威性，本书将以此指数为依据，对我国数字普惠金融的发展情况进行细致比较与分析。该指数综合考量了三个主要方面：一是覆盖广度，二是使用深度，三是数字化程度，并利用变异系数和层次分析法对数据进行加权衡量。最后，通过算术平均法综合计算出各省区市的数字普惠金融指数，以展现不同地区在数字普惠金融方面的发展水平（见图4－2）。

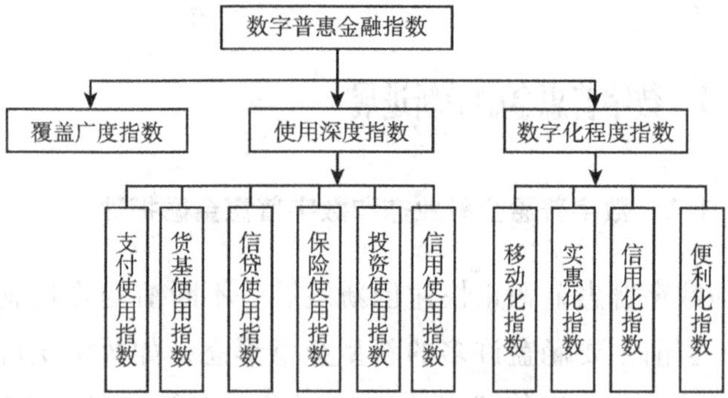

图4－2　数字普惠金融指数框架

4.3.1.2　数字普惠金融发展水平总括

本书只收集选择了30个省区市的有效数据进行分析运用，由于西藏和港澳台等地区的一些数据无法搜集，故将其剔除。

图4－3表明，数字普惠金融指数的平均值逐年升高，中位数值也越来越高，我们可以总结出两者的走势良好，发展势态良好。2020年的数字普惠金融指数比2011年的高出很多，平均值上升了8.30倍，为324.88，同时年均增长率约为83%。2020年数字普惠金融中位数的年均增长幅度为90.06%，具体值为337.70。按照数字普惠金融增速的角度，2012年增长率为145%，增速达到最高。而后连续两年，增速降低幅度很大，截至2020年的五年增速则较为平稳，意味着我国数字普惠金融发展快速且成熟。并且，我国金融数字化的速度增长显著，有两个主要原因：一是数字技术增长快，二是农村互联网覆盖更广。数字普惠性金融产品被越来越多人接受，因此，这种持续增长的态势将会持续下去。

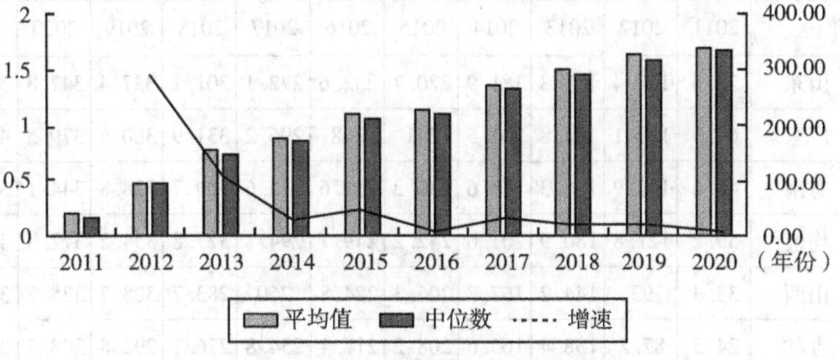

图 4－3　数字普惠金融的规模及增速

资料来源：根据北京大学数字普惠金融指数整理得到。

4.3.1.3　数字普惠金融的区域差别

本书搜集了我国 2011～2020 年 30 个省区市的数字普惠金融指数，详见表 4－2。将所选定的省区市按照东、中、西进行区域划分，可以更好地对比这 30 个省区市的数字普惠金融发展情况，更好地了解不同区域的发展水平，并计算出每个区域内所包含省区市的数字普惠金融指数的均值来表示各个区域的数字普惠金融发展水平。

表 4－2　　各省区市的数字普惠金融指数（按地区）

年份		2011	2012	2013	2014	2015	2016	2017	2018	2019	2020	2021
东部	北京	79.4	150.7	215.6	235.4	276.4	286.4	329.9	368.5	399	417.9	434.4
	天津	60.6	123	175.3	200.2	237.5	245.8	284	316.9	344.1	361.5	395.7
	河北	32.4	89.3	145	160.8	199.5	214.4	258.2	282.8	305.1	322.7	352.4
	辽宁	43.3	103.5	160.1	187.6	226.4	231.4	267.2	291	311	326.3	357.2
	上海	80.2	150.8	222.1	239.5	278.1	282.2	336.7	377.7	410.3	431.9	459
	江苏	62.1	122	181	204.2	244	253.8	297.7	334	361.9	381.6	412.9
	浙江	77.4	146.4	205.8	224.5	264.9	268.1	318.1	357.5	387.5	406.9	434.6
	福建	61.8	123.2	183.1	202.6	245.2	252.7	299.3	334.4	360.5	380.1	410.3

续表

年份		2011	2012	2013	2014	2015	2016	2017	2018	2019	2020	2021
东部	山东	38.6	100.4	159.3	181.9	220.7	232.6	272.1	301.1	327.4	347.8	380.7
	广东	69.5	127.1	184.8	201.5	241	248	296.2	331.9	360.6	379.5	406.5
	海南	45.6	102.9	158.3	179.6	230.3	231.6	275.6	309.7	328.8	344.1	375.4
	均值	59.2	121.8	180.9	201.6	242.2	249.7	294.1	327.8	354.2	372.8	401.7
中部	山西	33.4	93	144.2	167.7	206.3	224.8	260	283.7	308.7	325.7	359.7
	吉林	24.5	87.2	138.4	165.6	208.2	217.1	254.8	276.1	292.8	308.3	339.4
	黑龙江	33.6	87.9	141.4	167.8	209.9	221.9	256.8	274.7	292.9	306.1	341.1
	安徽	33.1	96.6	150.8	180.6	211.3	228.8	271.6	303.8	330.3	350.2	384.6
	江西	29.7	91.9	146.1	175.7	208.4	223.8	267.2	296.2	319.1	340.6	372.2
	河南	28.4	83.7	142.1	166.7	205.3	223.1	266.9	295.8	322.1	340.8	374.4
	湖北	39.8	101.4	164.8	190.1	226.8	239.9	285.3	319.5	344.4	358.6	391.9
	湖南	32.7	93.7	147.7	167.3	206.4	217.7	261.1	286.8	310.9	332	362.4
	均值	31.9	91.9	146.9	172.7	210.3	224.6	265.5	292.1	315.2	332.8	365.7
西部	内蒙古	28.9	91.7	146.6	172.6	214.6	229.9	258.5	271.6	293.9	309.4	344.8
	广西	33.9	89.4	141.5	166.1	207.2	223.3	261.9	289.3	309.9	325.2	355.1
	重庆	41.9	100	159.9	184.7	221.8	233.9	276.3	301.5	325.5	344.8	373.2
	四川	40.2	100.1	153	173.8	215.5	225.4	267.8	294.3	317.1	334.8	363.6
	贵州	18.5	75.9	121.2	154.6	193.3	209.5	251.5	276.9	293.5	307.9	340.8
	云南	24.9	84.4	137.9	164.1	203.8	217.3	256.3	285.8	303.5	318.5	346.9
	陕西	41	98.2	148.4	178.7	216.1	229.4	266.8	295.9	322.9	342	374.2
	甘肃	18.8	76.3	128.4	159.8	199.8	204.1	243.8	266.8	289.1	305.5	341.2
	青海	18.3	61.5	118	145.9	195.2	200.4	240.2	263.1	282.7	298.2	329.9
	宁夏	31.3	87.1	136.7	165.3	214.7	212.4	255.6	272.9	292.3	310	344.9
	新疆	20.3	82.5	143.4	163.7	205.5	208.7	248.7	271.8	294.3	308.4	341.8
	均值	28.9	80.9	129.8	153.8	192	200.5	236.5	257.7	276.6	291.2	320.3

观察表 4－2 中罗列的指数，我们不难知道，单看 2021 年这一年的数字普惠金融的情况，我国东部、中部及西部地区的指数

都有所提高，但东部、中部地区的数字普惠金融发展水平更高，很长一段时间都高于西部地区。2021年的东部地区各数字普惠金融指数的均值比2011年增长了5.8倍，年均增长幅度为21.12%，为401.7，比59.2高出许多；中部地区数字普惠金融的发展也不落后于东部的增速，2011～2021年，由31.9升高至365.7，年均增幅也高达27.62%；直到2021年年底，西部地区数字普惠金融指数比2011年增长了10.1倍，均值是320.3，年均增长幅度不输于其他地区，高达27.19%。从收集到的这些数据不难看出，我国数字普惠金融的发展很有劲头和动力，但从区域上来看仍然有些差别。

图4－4和图4－5反映了2011年和2021年各省区市的数字普惠金融指数。从图4－4可以看出，2011年各省区市的数字普惠金融指数存在较大差异，数字普惠金融发展水平最高的前10个省区市中，剔除辽宁、四川，剩下的8个省区市都位于东部地区，总共占据了四成的比例，数字普惠金融指数最低的后十个省区市，全部位于中部和西部，意味着我国数字普惠金融的发展不同区域

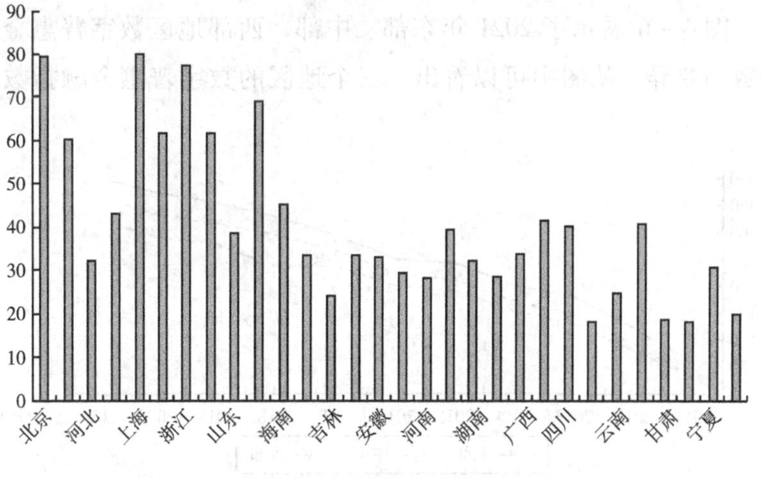

图4－4　2011年各省区市的数字普惠金融指数

之间有着很大的差异。从图 4－5 可以看出，2021 年各省区市的数字普惠金融发展水平已经趋于平衡，数字普惠金融发展水平最高的前十个省区市中，虽然东部地区仍然占据半数以上，但差异已经明显变小。最高的是上海，为 458.97，最低的是青海，为 329.87，是上海的 0.72，而 2011 年，青海的数字普惠金融指数仅为上海的 0.23，未来政策应加大对西部和中部地区的照顾，不同区域间的差异还能变得更小。

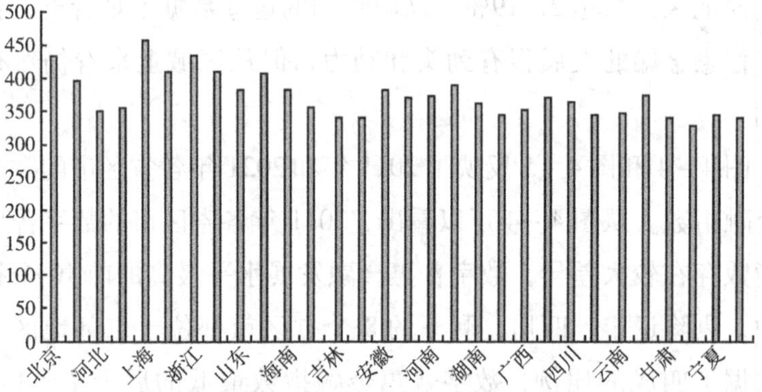

图 4－5　2021 年各省区市的数字普惠金融指数

图 4－6 展示了 2021 年东部、中部、西部地区数字普惠金融指数的差异，从图中可以看出，三个地区的数字普惠金融指数都

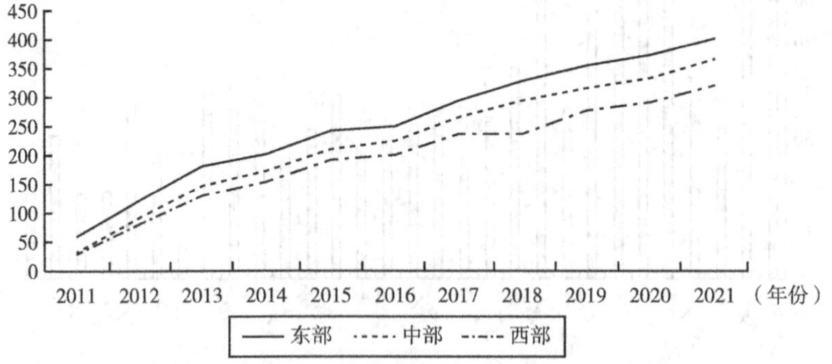

图 4－6　各地区数字普惠金融指数的发展情况

呈明显上升的趋势，且地区间的差异在变小，呈收敛趋势。

4.3.1.4 数字普惠金融的分维度差异

覆盖广度、使用深度和数字化程度是数字普惠金融指数包含的三大维度，2011～2021年，这三大维度之间并非平衡发展，而是在增长速度上有较大的差异，具体见图4－7。

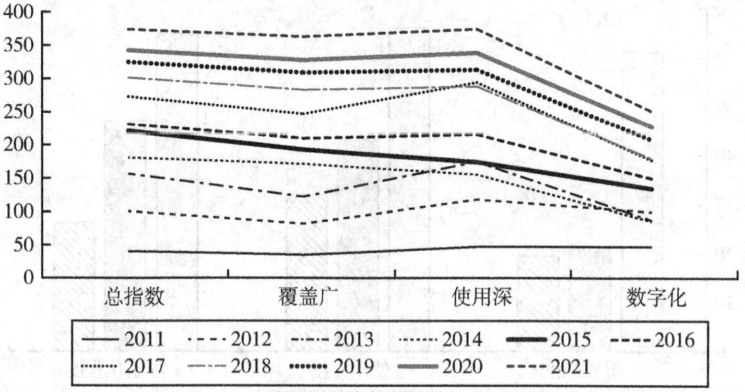

图4－7 数字普惠金融指数（即分维度指数）的增长情况

由图4－7可以看出，在之前的11年间，我国的数字普惠金融总指数、覆盖广度、使用深度和数字化程度都有了大幅提高，覆盖广度指数的上升最快，2011～2021年，由35.3升到362.7，增长了9.16倍，上升最慢的是数字化程度指数，从2011年的47.85上升到2021年的250.5，增长了4.23倍。从2021年的全国平均水平来看，总指数、覆盖广度、使用深度和数字化程度分别为373.7、362.7、374.4和250.5，可见我国数字普惠金融的数字化程度还有很大的发展空间和潜力。

各个维度的数字普惠金融指数也存在明显的地区差异，见图4－8和图4－9。由图4－8可以看出，从2011年数据来看，三大地区的覆盖广度、使用深度和数字化程度有较大差异，东部高于中部和西部，其中差异最大的是覆盖广度，东部、中部、西部分别是61.16、21.5和19.5，最高的东部是最低的西部的3.16倍。到了2021年，地区差异已经明显变小，见图4-9，三大地区的覆盖广度、数字化程度差异较小，差异最大的是使用深度，东部、中部、西部分别是421.48、366.7和332.97，最高的东部地区是最低的西部地区的1.27倍。

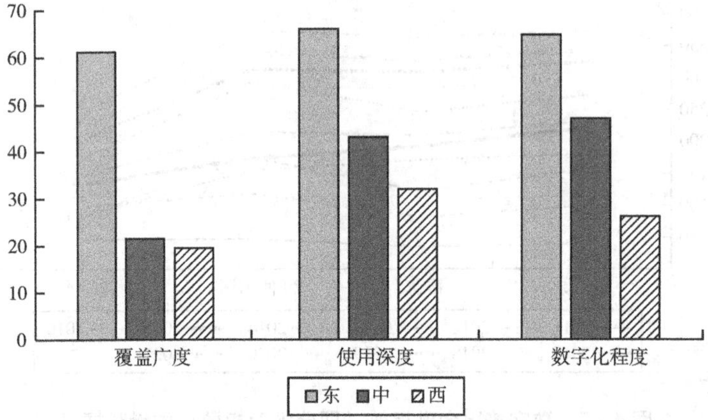

图4-8　2011年三大地区的三大指数

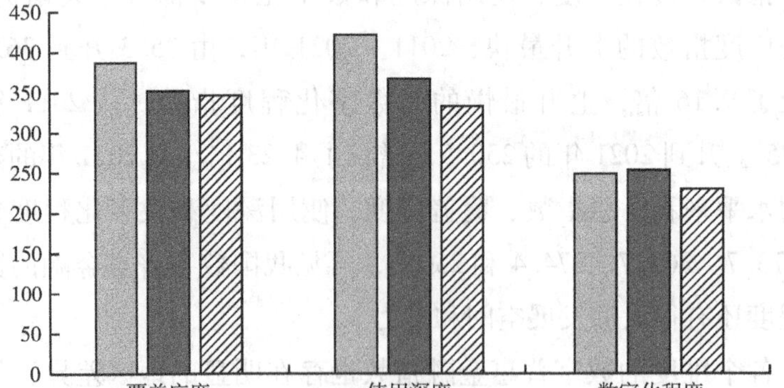

图4-9　2021年三大地区的三大指数

4.3.2 数字普惠金融发展中的问题分析

4.3.2.1 数字普惠金融发展取得的成就

我国的数字普惠金融在以下几个方面取得了明显进展。

一是金融业数字化转型步伐加快。金融业正在迅速迈向数字化时代，并且正在积极应对这一挑战。为了提升金融服务的效率，金融机构正在努力融合数据技术，并通过改造整个金融系统来提升其功能。通过这些措施，金融机构希望能够为实体经济提供更好的支持。

二是金融信息基础设施持续完善。随着科学技术的不断提升，中国的金融信息基础设施取得了长足的进步，从而为各类市场提供了便捷的支付方式。中央政府积极推动了人民币跨境收付、人民币结算账户、反诈骗、国库服务、征信等领域层面的技术创新，为中国的市场经济社会可持续发展提供了强大的科技支持。此外，中央政府还不断加强对市场的监督，以确保市场的安全性，为投资商创建安全可靠的融资环境。目前，数字人民币的开发和实际运作正在积极推动。

三是金融科技与监管创新协同发展。随着《金融服务技术（FinTech）规划（2019～2021年）》和《金融服务技术发展计划》的发布，三者之间的协作和创新已经取得了重要进步，也给了我们一个清晰的指引，以促进金融服务技术的可持续发展。中国人民银行正努力推动金融科技的发展，通过完善宽松、谨慎的金融业科学研究机制，采用多种灵活、有针对性的金融业科学研究监督措施，形成以“最后一公里”为指导的金融业科学研究监督框架，以及以金融业科学研究为依托的多元金融政策，为乡村振兴提供金融支撑。

四是金融标准化创新引领作用逐步显现。随着“十四五”《银行业标准化制度建设发展规划（2016~2020年）》《金融标准化“十四五”》的颁布实施，为推进银行业的可持续、高品质的发展提供了有力的保障。随着社会的进一步发展，标准已被视作推进金融治理的重要工具，它不仅是确立金融机构法律法规、加强监督检查的重要依据，也是确保金融安全的关键所在。它不仅为金融风险的预警、处置、维护、提高等工作打下了坚实的根基，还带动了我国金融技术的快速发展，推进了金融机构的现代数字化改革，使得服务更为便捷、高质量，同时也满足了不同群体的各种需求，从而推进了社会的进步与发展。加强金融改革，打造兼顾公平、可拓展、可分享的金融体系，以期在拓展金融领域的同时，积极探索新的发展模式，不断完善金融体系，提升全球化水平，营造良好的投资者福祉。

五是数字普惠金融创新实践成果丰厚。随着科技的进步，商业银行主动投身于数字普惠金融服务的研究，利用网络、新型技术、区块链等最新前沿技术，构筑出具有智慧、可连续、可扩散性的数字银行。通过此项改革，使得越来越多的客户可以获得安全、舒适、高效的金融服务，并且有效提升了风险防范和监督的水准，为促进普惠金融的健康、可持续的发展提供强有力的支撑。

4.3.2.2 数字普惠金融发展中存在的问题

数字普惠金融尽管在克服传统金融系统弊端方面存在明显的优势，但目前的发展并非毫无瑕疵。因为它还处于起步阶段，国际上积累的经验少，缺乏参考。另外，其业务模式、技术属性和风险特征也不寻常，我国数字普惠金融在发展中出现很多困境，如法规滞后、数据安全风险、参与主体素养不足、监管不完善以及金融风险等。这些障碍短期内可能严重阻碍数字普惠金融的发展进程，长期来看，它们也可能成为阻挡经济高质量发展的因素。

（1）现有的法律规范时效性弱，数据危险程度高。

随着我们对数字普惠金融的不断探究，目前的相关法律法规已不足以满足当前的需求，从而阻碍了其可持续性、稳定性、可操作性以及实施效率。两个重大挑战正在推动我们的数字普惠金融取得更大的进展，以实现更好的经济效益。随着科技的飞速进步，数字普惠金融的发展也变得越来越迅猛，但是，目前的法律法规却难以及时调整，以满足当前的需求，给这一领域的发展带来了不小的挑战。这种法规滞后不仅妨碍了金融市场有序发展，也妨碍了数字普惠金融的正常运行。随着金融数据呈现爆发式增长，数据安全问题日益突出。虽然目前有许多方式可用于收集数据，但是由于一些金融公司缺乏数据隐私保护的意识，没有充分考虑到这种风险，这为犯罪者创造了便利。而木马病毒的普遍存在、在线欺诈的猖獗，加之越来越多的网络远程攻击，导致许多隐私泄漏案例屡禁不止，严重损害了公众的个人隐私、财富和国家的信息安全。

（2）已有的数字普惠金融参与主体素质欠缺。

数字普惠金融在推动金融数字化转型的同时也带来了一系列挑战。随着越来越多的人加入数字普惠金融服务领域，一些从业者缺乏必要的专业知识和道德观念，导致了一些违反金融伦理准则的行为。这些行为不仅仅是超授权，而且还包括利用科技手段进行非法活动，严重损害了消费者的利益。随着数字普惠金融的迅速发展，非法集资、融资诈骗等案件屡禁不止，线上信贷服务也无法得到规范管控，客户信息安全受到威胁，这给数字普惠金融的健康发展带来了极大的挑战。尽管数字普惠金融在中国发展历程中取得了一定的成绩，但由于缺乏有效的技能培训和金融道德教育，使得金融机构无法有效地提升员工的专业水平和金融素养，从而导致消费者无法熟练掌握数字普惠金融服务，进而增加了金融风险。这也导致了金融消费者在金融活动中可能违反规则，给自己和他人带来经济损失。因此，除了推进数字普惠金融发展外，注重培养数字普惠金融参与者的专业素养至关重要。加强从业人员的金融道德教育和专业技能培训，有助于提高金融从业人员的素养水平，从而确保数字普惠金融活动的合规和安全进行。

（3）已有的体系监管不到位。

数字普惠金融的快速发展和创新导致监管机构跟不上步伐，监管体系的缺失和不适应性成为数字普惠金融领域的主要问题之一。首先，传统金融监管模式对于数字普惠金融的监管压力较小，导致部分机构逃避监管，造成 P2P 网贷爆雷、ICO 融资诈骗等问题。其次，现有监管体系存在漏洞，无法有效约束数字普惠金融，特别是难以在线上实时监管数字普惠金融平台的交易流程。再次，数字普惠金融的创新性使得监管面临更大挑战，金融数据的粗放性和集约性让监管部门难以应对。这种监管不足影响了金融领域的稳定发展。传统监管方式不适用于数字普惠金融，监管体系需要更灵活、更适应新技术的更新迭代，同时也需要不同监管机构间的协同合作和信息共享来确保全面监管。数字普惠金融的大数据特性以及技术进步对监管构成了挑战，监管机构需要更快地适应新技术的应用和发展，缩小监管与金融平台之间的不对称性。这样才能更好地维护金融市场的稳定，并确保数字普惠金融的健康发展。

北大网络金融研究中心指出，随着网络金融业的迅速崛起，“无证上岗”等网络金融欺骗行为也日益增多，这些行为的根源主要来自缺乏完善的监管体系。P2P 领域金融欺诈案件的频发，也与监管政策存在漏洞有极大的关系，很多网贷平台因为牌照的限制，只能无证执业，这样导致的直接后果是一旦出现风险会很难控制，甚至波及整个金融领域。正确、全面的监管政策是确保金融业运行安全、合规的重要保障。加强监管、填补监管漏洞，以及保证所有从业机构遵守相关规定，都是确保数字普惠金融健康发展的必要步骤。

（4）征信体系完整性缺乏。

由于信息技术的飞速发展，数字普惠金融服务，如网络理财产品、P2P贷款等，给中国的信用体系带来了前所未有的挑战。中国的信用体系建立在中国人民银行的信用信息基础数据库之上，并且借助于各种市场化的信用评估机制，实现了信用体系的多样性。尽管国内的信用体系已经取得一些进展，但目前还是存在一些挑战。例如，信用信息的收集、分析、统计以及使用，都还没有达到完善的水平。由于信息的分散，P2P信贷、众筹平台的信用评估、贷款定价以及风险控制都受到了一些限制。用户的信息无法完全整合甚至无法查询，再加上征信体系的覆盖范围受限，因此，许多P2P平台不得不通过线下的尽职调查来获取企业和个人的信用信息，征信成本也由此上升，从而使贷款利率不断推高。小微企业和个人的贷款成本高企，不利于普惠金融的发展。

例如，作为一家专注于服务个人和小微企业的金融平台，点融网经常面临着信贷数据缺乏的困境。为了更好地了解客户的信用状况，点融网不得不在公开信息平台上收集客户的详细信息。此外，点融网还会投入大量的人力物力进行实地考察，根据企业或个人的财务状况、借款意图和偿债能力等因素来评估客户的信用情况。小微企业和个人都可以从点融网获得贷款，但前者的年利率通常在14%～15%，后者的年利率通常在17%～18%。这种高利率的贷款情况非常普遍。尽管各平台都在投入大量资金来改善信用状况，但由于征信体系的欠缺，很多违约行为依然无法得到有效的防范和控制。这种情况使得金融平台难以全面了解客户的真实信用情况，进而加大了风险，影响了贷款利率的制定和整个贷款市场的稳定。

（5）金融欺诈出现频繁，用户信息安全难以保证。

随着数字技术的不断发展，普惠金融已经成为金融服务提供商的重要战略目标。它不仅拓宽了金融服务的范围，而且极大地提高了金融服务的质量和效率，使得数字普惠金融的优势变得更加明显。然而，与此同时，我们也必须关注数字普惠金融中可能出现的金融欺诈行为。金融欺诈活动无疑给金融服务造成了极大的风险，它既侵害了消费者的合法权益，也严重破坏了金融环境的平衡。

数字普惠金融的欺骗性活动经常出现，其中包括 P2P 融资、互联网金融、网络众筹以及供应链金融。它们以宣称极具诱惑力的高额利润来吸引投资和快速获取客户的资金，但其本质却属于违反金融管制的违规活动。e 租宝的出现使得用户、金融市场以及全社会都面临巨大的挑战。2014 年 7 月，e 租宝一路飙升，最终在 2015 年 11 月底，它的总体销售量突破 703 亿元，一举跃居行业首位。2015 年 12 月，e 租宝因通过收购企业、注册虚假公司、编造项目、宣称年化收入可以超越 15% 等违反规定的手段，受到了警方的严厉打击，最终以涉嫌犯罪的名义，依照相关规定，将其移交给警方处理。2016 年 1 月，e 租宝非法集资的金额已经达到了惊人的 500 亿元。

许多网络平台，如天力贷和泛亚，都在以“金融创新”为名义进行非法融资活动。然而，非法集资与民间借贷之间的模糊边界，一直存在一片灰色地带。由于金融市场的复杂性，监管部门很难准确识别出可能存在的金融欺骗活动，因此，当金融链断裂、金额巨大等情况出现时，就需要立即采取有效的措施来阻止金融风险的扩散。此外，数字普惠金融的实践也需要借鉴传统金融的经验，以便更好地防范金融风险，同时也要求金融系统的安全可靠。随着科技的进步，用户的个人信息及其相关资料容易被非法机构窃取、破坏或者篡改，从而导致严重的经济后果。因此，保护消费者的隐私以及防止金融欺诈已经变得越来越紧迫，是实现数字化普惠金融的关键所在。

（6）数字化水平不高，数字鸿沟较大，需要继续破解。

微观层面的数字化改革对提升整个社会的金融数字化水平至关重要，这也是我国数字普惠金融发展的一个关键前提。尽管我国的数字经济发展速度快，但工业和服务业的金融数字化水平依然滞后于世界平均值。当前，国内的小微企业金融数字化水平相对较低，数据信息收集率不高，这导致了数字普惠金融中关键环节，如风险评估和风险定价无法有效进行。互联网金融机构无法准确评估银行的风险，银行和公司相互之间的数据信息问题依然出现。按照中国互联网信息中心的统计资料，截至 2021 年 6 月底，在中国农村地区，互联网普及率不到 60%。由于数字普惠金融需要采用新硬件、应用新技术、构建新环境，这在无形中增加了金融业的门槛要求，限制了金融业的可及性。特别是对农民、老人等群体来说，由于适应速度较慢、接受度不高，他们无法快速掌握智能产品和服务。这就导致了这些群体在电子化生活中被边缘化，数字普惠金融服务中出现了数字鸿沟现象。

4.4　数字普惠金融的功能和前景预测

金融服务领域正处于数字普惠金融蓬勃发展的时期，金融科技正在彻底改变和重新塑造拥有悠久历史的金融服务行业。2022 年年初，央行颁布《金融科技发展规划（2022 ~ 2025 年）》，开启了一场前所未有的金融改革。它将为未来的我国金融业科学技术发展指引道路，同时也将给予五项关键性的指导：一是完善我国金融业科学技术的治理机制，大幅增强数据处理和分析的能力；二是构筑更具有环保意识的、更具有协同性的、更具有灵活性的金融机构科技创新体系；三是积极开拓金融业的智能再造，大幅提高金融业的质量；四是积极投入资源，大幅拓宽我国金融业科学技术的应用范围；五是大幅改善我国金融业科学技术的教育环境，积极开拓我国金融业科学技术的职业道德。央行曾发表了一份重要的《金融科技（FinTech）规划（2019～2021年）》，为促进中国的金融科技及数字化转型提供了强大的政策支持。

过去几年的数字金融技术的发展，导致金融界发生了巨大的变化。不仅提高了服务的质量，改善了客户的使用感受，扩宽了服务的涵盖面，而且为普惠金融的建设创造了强劲的动力，并且显著地减少了金融市场的运营成本和风险。随着“无需接触的金融业”的出台，为应对疫情造成的挑战，“无需接触的金融业”为金融业的数字化转型增添了重要的推动力。为此，许多金融机构都积极采取措施，以增加其对金融科技的重视，如将其纳入营销规模、增派高素质的人才，并设立多家金融科技子公司。

自2021年起，我国金融技术的飞跃式发展引起了各界的广泛注意，不仅仅局限于政府部门、企业、社会组织，更有许多其他领域的变革。为此，各国政府的立法，如《数据安全法》《个人信息保护法》《征信业务管理办法》，旨在解决当前的社会热点话题，加强对数据的安全性、可靠性、可持续性的监督，并实施有效的风险防控措施，确保公众利益得到有效的维护。随着全球政策和市场的日益复杂，“提升效率”和“促进公平与发展”的政策已然成为当今时代的主导，因此，未来数字普惠金融的宗旨也必须得到重大的调整，以适应日益增长的需求，才能更进一步地推动行业的发展。

随着数字普惠金融的不断深入，它的理念是通过金融科技的应用来提升社会的福祉，从而达到公正、可持续的发展。因此，我们应该积极探索金融科技的有效运用，以期达成各项国家战略。例如，提升普惠金融的品质，增进社会的福祉；拓宽“数字鸿沟”的范围，达到碳达峰、碳中和的效果，以及朝着完善的绿色低碳方向迈出坚实的步伐；加速实现高水准的科学研究。

首先，数字普惠金融的影响显而易见，尤其在共同富裕、乡村振兴和小微企业发展方面。2021 年年底，数字普惠金融的发展给银行带来了前所未有的支持，特别是那些单户授信额低于 1000 万元的普惠型中小企业，他们的信贷总量高出 19.1 万亿元，较 2020 年大幅上升，实现 24.9% 的收益。通过运用先进的科学技术，银行已经能够深入探索农业领域中的关键中小企业的各个方面，从而更好地满足它们的需求。此外，一些银行还会根据这些中小企业的实时财务报告，包括它们的合作、纳税情况，向它们提供优质的信用贷款，从而大大推动了农村经济的健康发展。通过利用区块链信息技术、新一代人工智能信息技术及其先进的遥感识别科技，我们可以更好地追踪农作物的来历，并为推动乡村振兴提供更多的便利。

其次，数字普惠金融对于推动数字经济发展有着重要作用，尤其在弥合“数字鸿沟”、让更广泛群体受益方面发挥了重要作用。根据最新统计，到 2021 年年底，我国共有 8500 万残疾人，其中包含 1700 万视力障碍者、2700 万听力障碍者，此外，还有 1.76 亿 65 岁及以上的老年人。为了解决他们的信息不便问题，政府正在大力推进相应的政策。随着科技的发展，越来越多的银行正在采用最新的技术，如语音合成、加速度传感、人脸识别、自动照明以及实时图像分析，来满足不同视觉、听觉、语音能力的客户的需要，从而使移动金融 App 变得更具便利性。银行 App 正在大幅改善对于老人的服务，让他们更容易地享受到数字化的金融服务。未来，我们期望利用“个人信息可携带权”规定，推广和实施区块链技术，实现数据的安全传输，并利用隐私计算和联邦学习来提高数据的利用效率。通过加强对数据的管控，我们可以更好地维护信息的完整性与可靠性。这些举措有望进一步推动数字普惠金融的发展，使更多人能够受益。

再次，数字普惠金融可以助力“双碳”目标的达成。过去，不少银行已将绿色可持续发展理念融入日常运营之中，逐步探索实现业务流程的数字化和无纸化，并尝试从根源上实现绿色环保。以微众银行的实践为例，在实现流程数字化和无纸化的同时，还通过分布式架构提升了服务器资源使用效率、降低功耗，实现低排放。伴随着科技发展和应用场景的增加，金融科技可进一步支持数字化转型，助力金融机构转向更加绿色的经营模式。而随着分布式架构的广泛采用，金融机构还可以考虑发挥分布式架构的资源灵活调度优势，将算力迁移至低 PUE 数据中心，或是通过容器化等云原生技术进一步提升效能，进一步助力“双碳”目标的落实。

最后，随着“信创”的不断深入，数字普惠金融也成为一个重要的支撑点。它不仅能够帮助实现“信创”的目标，而且还能够有效地支持和激励独立安全的信息技术的发展。为此，银保监会和其他五部委共同出台《关于规范金融业开源技术应用与发展的意见》，努力引导其他互联网金融机构把开放式信息技术作为其业务的一部分，并且加强对其的支持。微众银行拥有 30 余个开放源代码，覆盖众多信息技术应用范畴，包括人工智能、区块链、虚拟化现实、互联网。其中，FISCO BCOS 是一个受到广泛欢迎的开放平台，它的成功案例吸引到了 7 万的社交媒体使用者，并且有 200 余个知名的应用程序正在运行。未来，我们希望各大银行能够把最先进的金融科学技术放到国外，以减少不同银行之间的信息共享和数据交换的障碍，同时也能够充分利用“信创”的优势，推动中国的金融科学技术和应用的国际化。这一举措有望推动中国金融科技的发展成为国际上的引领者。

4.5 本章小结

我国政府高度重视数字普惠金融的发展，出台了一系列相关鼓励性和规范性政策。在这些政策带动下，我国数字普惠金融的发展进程日益加快，目前已进入成熟化阶段。其具体表现在：金融业数字化转型步伐加快，金融信息基础设施持续完善；金融科技与监管创新协同发展，金融标准化创新引领作用逐步显现；数字普惠金融创新实践成果丰硕，数字普惠金融指数保持持续上升的势头，且区域差异性正在不断缩小等方面。

然而，我国数字普惠金融也存在明显问题。其具体表现在：法律法规相对滞后，数据安全问题突出；数字普惠金融参与主体素养有待提高；监管体系不健全，缺乏针对性的监管措施；征信体系不完善，“数据孤岛”的现象较为严重；金融欺诈频发，用户信息安全受到潜在威胁；我国（特别是农村地区）数字化水平较低，数字鸿沟亟待解决等方面。

[illegible]

然而，我国数字普惠金融也存在明显问题[illegible]

[illegible]

第5章　我国乡村振兴的发展现状

5.1　乡村振兴的相关政策

5.1.1　乡村振兴战略的提出和内容

我国人口基数大，根据第七次全国人口普查结果，农村人口占 36.11%。中国作为人口大国，农业是国家经济持续发展的根基。在共同富裕目标的引领下，“三农”问题是国民经济稳定发展的前提。

乡村振兴战略将农业农村发展置于优先位置，按照国家总体要求，建立健全城乡一体化发展的体制机制和政策体系，逐步实现农业农村现代化，实现国家总体要求。按照党的十九大提出的全面建成小康社会决胜阶段、分阶段实现第二个百年奋斗目标的战略部署，2017 年中央农村工作会议明确了实施乡村振兴战略：到 2020 年，乡村振兴将取得重要进展，基本形成体系完善、实施有效的制度框架和政策体系；到 2035 年，乡村振兴取得决定性进展，基本实现农业农村现代化；到 2050 年，农业强、乡村美、农民富，全面实现乡村振兴。

乡村振兴战略分为七大内容，分别是：

①重塑城乡关系，走城乡融合发展之路。

②巩固和完善农村基本经营制度，走共同富裕之路。

③深化农业供给侧结构性改革，走质量兴农之路。

④坚持人与自然和谐共生，走乡村绿色发展之路。

⑤传承发展提升农耕文明，走乡村文化兴盛之路。

⑥创新乡村治理体系，走乡村善治之路。

⑦打好精准脱贫攻坚战，走中国特色减贫之路。

5.1.2 乡村振兴的政策梳理

中国作为农业大国，农村人口占比大，乡村振兴战略实施早、战线长。2013 年党中央提出“精准扶贫、精准脱贫”重大方略。2017 年首次提出乡村振兴战略。2020 年年底，我国全面完成脱贫攻坚任务。随后，国家更是逐步推进和落实乡村振兴战略。2021 年，在法律上明确了有关乡村振兴事宜，并通过了《中华人民共和国乡村振兴促进法》。具体的政策梳理见表 5－1。

表 5－1 支持乡村振兴的部分相关政策

时间	相关政策和文件	主要内容
2017 年 10 月	党的十九大报告：决胜全面建成小康社会，夺取新时代中国特色社会主义伟大胜利	明确提出乡村振兴战略，坚持农业农村优先发展，按照产业兴旺、生态宜居、乡风文明、治理有效、生活富裕的总要求，建立健全城乡融合发展体制机制和政策体系，加快推进农业农村现代化
2018 年 1 月	2018 年一号文件：中共中央、国务院关于实施乡村振兴战略的意见	全面部署实施乡村振兴战略，提出目标：到 2020 年，乡村振兴取得重要进展，制度框架和政策体系基本形成。到 2035 年，乡村振兴取得决定性进展，农业农村现代化基本实现。到 2050 年，乡村全面振兴，农业强、农村美、农民富全面实现
2018 年 2 月	乡村振兴战略规划（2018－2022 年）	按照产业兴旺、生态宜居、乡风文明、治理有效、生活富裕的总要求，对实施乡村振兴战略作出阶段性谋划，确保乡村振兴战略落实落地。5 年间，既要在农村实现全面小康，又要为基本实现农业农村现代化开好局、起好步、打好基础

续表

时间	相关政策和文件	主要内容
2019 年 6 月	关于促进乡村产业振兴的指导意见	提出了乡村振兴的六大举措：一是突出优势特色，培育壮大乡村产业；二是科学合理布局，优化乡村产业空间结构；三是促进产业融合发展，增强乡村产业聚合力；四是推进质量兴农绿色兴农，增强乡村产业持续增长力；五是推动创新创业升级，增强乡村产业发展新动能；六是完善政策措施，优化乡村产业发展环境
2020 年 2 月	2020 年中央一号文件：抓好“三农”领域重点工作，确保如期实现全面小康	从保障农产品供应、促进农民收入持续增收、加强农村基层治理，以及强化对农村补短板保障措施等角度，为实现乡村全面振兴，“农业强、农民富、农村美”的目标，建立了基本制度框架和政策体系
2020 年 9 月	关于调整完善土地出让收入使用范围优先支持乡村振兴的意见	按照“取之于农、主要用之于农”的要求，调整土地出让收益城乡分配格局，稳步提高土地出让收入用于农业农村比例，集中支持乡村振兴重点任务，加快补上“三农”发展短板，为实施乡村振兴战略提供有力支撑
2021 年 2 月	2021 年中央一号文件：关于全面推进乡村振兴加快农业农村现代化的意见	把乡村建设摆在社会主义现代化建设的重要位置，实现巩固拓展脱贫攻坚成果同乡村振兴有效衔接，全面推进乡村产业、人才、文化、生态、组织振兴，走中国特色社会主义乡村振兴道路，加快农业农村现代化，促进农业高质高效、乡村宜居宜业、农民富裕富足
2021 年 4 月	社会资本投资农业农村指引	社会资本是全面推进乡村振兴、加快农业农村现代化的重要支撑力量，要创新投融资机制，营造良好营商环境，激发社会资本投资活力，更好满足全面推进乡村振兴多样化投融资需求
2021 年 5 月	关于加强金融支持乡村休闲旅游产业发展的通知	创新金融服务方式，加大信贷投放力度，拓宽融资渠道，打造乡村休闲旅游精品工程，为乡村全面振兴和农业农村现代化提供支撑

续表

时间	相关政策和文件	主要内容
2021年6月	中华人民共和国乡村振兴促进法	这是一部以“乡村振兴”命名的基础性、综合性法律，奠定了乡村振兴战略的法治基石
2022年2月	2022年中央一号文件：关于做好2022年全面推进乡村振兴重点工作的意见	坚持稳字当头、稳中求进，扎实有序推进重点工作，以超常超强的力度和更强的执行力，推动乡村振兴取得新进展、农业农村现代化迈出新步伐
2022年4月	关于推动文化产业赋能乡村振兴的意见	将文化产业赋能乡村振兴纳入全面推进乡村振兴整体格局，围绕文化产业重点领域，制定企业、人才、项目、用地等方面政策举措，引导文化产业机构和工作者深入乡村对接帮扶和投资兴业，充分发挥文化产业多重功能价值和综合带动作用，助力乡村振兴目标
2022年5月	乡村建设行动实施方案	把乡村建设摆在社会主义现代化建设的重要位置，明确乡村建设行动的路线图。到2025年，乡村建设取得实质性进展，农村人居环境持续改善，基本公共服务水平稳步提升，农村精神文明建设显著加强
2022年12月	乡村振兴责任制实施办法	实行中央统筹、省负总责、市县乡抓落实的乡村振兴工作机制，构建职责清晰、各负其责、合力推进的乡村振兴责任体系，举全党全社会之力全面推进乡村振兴，加快农业农村现代化
2023年2月	2023年中央一号文件：关于做好2023年全面推进乡村振兴重点工作的意见	坚持农业农村优先发展，坚持城乡融合发展，强化科技创新和制度创新，坚决守牢确保粮食安全、防止规模性返贫等底线，扎实推进乡村发展、乡村建设、乡村治理等重点工作，加快建设农业强国，推动乡村产业高质量发展

5.2　乡村振兴的发展阶段和具体举措

5.2.1　乡村振兴的发展阶段

中国是一个农业大国，自古以来，“三农”问题是制约中国经济发展的主要方面，中央也高度重视妥善处理“三农”问题。全面建成小康社会最艰巨、最繁重的任务在农村。中国乡村发展可划分为小康建设和实现富裕两个主要阶段，是一个由低水平、基础型向高质量、创新型不断发展的过程。目前，我国处于新发展阶段，处于巩固拓展脱贫攻坚成果，全面推进乡村振兴，使广大农民逐步实现共同富裕的关键时期（见图 5－1）。

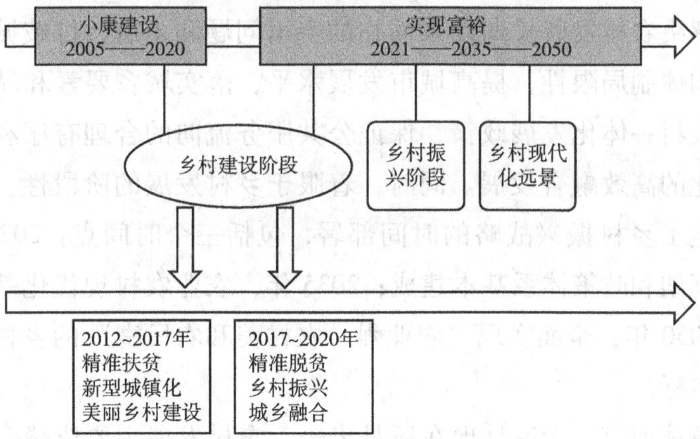

图 5－1　乡村振兴的发展阶段

2005 年 8 月，习近平同志在调研安庆余村时首次提出了“绿水青山就是金山银山”这一新思想，也就是后来的“两山理论”，实际上已包含乡村振兴的思想雏形。2017 年 10 月，党的十九大正式提出实施乡村振兴战略，工作重点是解决城乡经济发展的不平衡程度，提高农户收入消除贫困，引导乡村发展迈向更高水平和更高质量。2020年年底，我国取得了脱贫攻坚的伟大胜利，实现了现行标准下贫困人口全部脱贫、贫困县和贫困村全部摘帽的目标，消除了绝对贫困和区域性整体贫困，创造了人类史上脱贫的奇迹，令世界瞩目。

2021年2月，在脱贫攻坚取得全面胜利后，中共中央、国务院又适时发布了《关于全面推进乡村振兴加快农业农村现代化的意见》，将党和政府的工作重心转移到“全面推进乡村振兴”上来，工作重点是解决发展不平衡不充分问题、缩小城乡区域差距，目的是实现全体人民共同富裕。新时代农村发展聚焦乡村振兴战略总体要求，迫切需要重构城乡关系，加强和完善农村管理基本制度，深化农业供给侧结构性调整，坚持人与自然的和谐发展，进一步发展和完善农业文明，提出更多创新的农村管理体制等对策，解决农村发展长期以来面临的突出问题和矛盾，打破城乡二元结构体制局限性，提高城市发展水平，落实城乡要素和城乡基础的农村一体化发展政策，保证公共服务流向的合理有序和城乡一体化的高效融合发展。同时，着眼于乡村发展的阶段性，党中央制定了乡村振兴战略的时间部署，包括三个时间点：2020年，制度框架和政策体系基本建成；2035年，农业农村现代化基本实现；2050年，全面实现“农业强、农村美和农民富”的乡村全面振兴目标。

总体而言，无论是现在还是未来，农村发展主要依赖多种措施推动农村经济、知识、文化、生态、组织的提升，进而协同解决人民群众的物质和精神需求，以及商业、货币、金融等方面的开放性问题和难题，将现代化农村发展成为集田园综合体、居住社区、城乡联络、经济特色、商业互通于一体的广阔区域，实现乡村美丽新愿景。

5.2.2　乡村振兴的具体策略

乡村振兴战略是我国经济社会发展模式的重要转变，这种转变至少包括两个方面：一是实现城乡二元社会经济结构的一元转变；二是重点发展大中小城市，摒弃单一的以大城市为中心的发展战略。随着农业发展资本的积累，加快工业化进程，中国在 20 世纪 50 年代形成了第二次城乡经济社会结构。这种结构在短期内促进了工业化和经济发展，但也造成了城乡居民收入差距扩大、社会发展不平衡、农民收入低、农村发展落后等问题，反向制约了整个社会经济的发展。自 20 世纪 90 年代以来，中央开始纠正“重工业轻农业、重城市轻农村”的二元结构，实施多给、少取、放活的战略，实施工业反哺农业的城乡协调发展战略，实施工业带动农业、城市带动乡村的城乡一体化发展战略，但城乡居民收入水平、公共服务水平的差距尚未消除。同时，调整城镇化发展战略，推进大中小城市体系建设，不仅可以缓解“大城市病”、生态资源和社会负担，还可以促进城乡更加均衡发展。结合以上两个方面战略转变，乡村振兴战略可具体分类为以下八点策略。

一是改革社会经济体制。社会经济体制是社会自由流动的基础，随着社会形势的变化，社会经济体制应该随之变革。首先，改革户籍制度，我国传统的户籍分为“农业”和“非农业”，随着乡村振兴战略的推进，逐步建立城乡二元户籍制度，创造机会平等，给予农村居民更多的就业和居住机会。其次，完善土地流转制度，推动实现土地的自由流转。随着土地和劳动力的自由流动，农村居民不再向往留在大城市，在家乡同样可以实现理想抱负，这将使更多的人才流向农村，建设美丽乡村。

二是加大对农村地区的投资力度。农村地区发展相对落后，基础设施投资不足，基础公共服务不健全。农村各项基础服务不如城市供应及时，农村问题仍然严重。首先，乡村振兴战略缺乏长效机制，长期规划不完善，政府只是不断加大对农村公路、水利工程等的建设，并未对经济发展、人口变化、农民需求进行综合考虑，片面化地将乡村振兴理解成加大对基础设施的投入。况且在农村调查时发现，许多工期行程缓慢，施工严重拖延，道路的维护管理、污水渠及垃圾处理厂的运营缺乏资金，农村基础设施功能失调、效果不佳。

三是分类推进。乡村振兴战略应该分类推进。随着城市化进程的演变，农村人口规模减小，农村落后问题逐步改善，居民需求也在日益变化。需要各类公共服务的高效运转，满足居民的物质和精神需求。乡村振兴战略应该将教育、医疗、养老、健康等社会公共问题一体化考量，建立产业服务，降低准入门槛，实现机会平等。

四是加强农村道路建设。实施乡村振兴战略，农村基础设施特别是道路建设仍然是建设重点。2006 年实施“村村通”战略以来，农村交通条件明显改善，但农村道路仍存在以下问题：第一，道路过于狭窄，原有道路车辆无法通行；第二，道路太少，农村公路建设多集中在省道和村道，附近村庄实现农民一体化进程滞后，“死路”较多，路网参差不齐，无法形成交通；三是道路质量较差，相当一部分村庄仍以碎石路相连，行驶困难，大中型车辆雨雪天难以通行，给村民的生活带来很大困难，农业生产受到阻碍。因此，有必要继续投入农村公路建设，同时增加农村公路养护资金，全面推进“四好农村公路”建设。

五是继续改善农村人居环境。实施乡村振兴战略，需要进一步改善人居环境，垃圾废水处理被列为当前的难点和亟待解决的重点问题。目前，在经济条件一般的地区，农村垃圾处理设施不足，大部分垃圾通过简易填埋、非法焚烧等方式进行处置，有毒有害废物难以处理且质量低劣，常常造成环境破坏。目前，农村污水处理方式非常简单，有的通过道路沟渠入田间、河流，造成大量环境污染。

六是高度重视发展农村义务教育。实施乡村振兴战略，要高度重视农村义务教育发展，推动建立城镇进农村、促进全面发展、城乡一体化的义务教育发展机制并实现均衡发展。需要解决农村地区办学条件差、教师收入低、教学质量不高、城乡和地区之间教育差距大等问题。农村地区的办学条件差、教师收入低导致教师队伍不稳定，流动性大，年龄结构老化，缺少专业教师，特别是音乐、体育、美术、信息技术等方面的专业教师，严重影响了教学质量。

七是加强农村医疗卫生服务体系建设。由于农村居民，尤其是老年人的受教育水平低，对居民医疗保险的接受能力有限。随着乡村振兴战略的推进，农村医疗收费昂贵、程序烦琐、住院房间少等问题应该逐一解决，加大对农村地区医疗卫生保障的投资力度，保障农村居民的健康，增强农村居民的参保意愿，让每一位居民都有所保障。

八是进一步完善农村社区治理机制。农村社区需要大量人力进行管理，负责普法等宣传工作，负责居民安全问题，负责居民邻里和睦问题等。乡村振兴战略应该完善社区治理机制，选拔优秀的领导集体。首先，建立合理有效的选拔机制，统一组织，统一选举，以选拔优秀人才领导农村建设；其次，鼓励居民自治，完善相关自治制度，号召居民自愿为社区做贡献；最后，制定相关社区规定与政策，在征求居民意见的前提下，建立一套完整的社区规章，做到有规可依，约束居民行为。

5.3 我国乡村振兴的发展现状

5.3.1 乡村振兴的最新进展

2018年6月，《乡村振兴战略规划（2018～2022年）》（以下简称《规划》）印发，《规划》紧紧围绕产业兴旺、生态宜居、乡风文明、治理有效、生活富裕的总要求，明确了乡村振兴战略的阶段性目标和重点任务。推进乡村振兴是一项系统工程，涉及多个方面、多个层级，需要统筹协调、合力推进。截至2022年底，《规划》实施五年，乡村振兴工作取得了明显成效，体现在以下几个方面，即粮食产能稳步提升，脱贫攻坚成果得到巩固，富民乡村产业持续壮大，农村生产生活条件明显改善。

5.3.1.1 牢牢守住国家粮食安全

习近平总书记指出："手中有粮、心里不慌在任何时候都是真理。"近年来，我国粮食产量连年创历史新高，原因之一在于制定了一批政策、制度和工作措施。一是"两藏"，即深入实施农村储粮和科技储粮战略，严格把握种子、耕地两个关键点，夯实粮食基础能力；二是"两辅"，即构建以社会福利、正义为补充的保障机制，调动地方政府积极性，重点关注农业、粮食和种粮农民；三是"两化"，即推进服务社会化和生产机械化，节约成本、提高效率和质量。

从图5-2可以看出，2018～2021年，我国粮食产量稳步增长。2018年，我国粮食产量为65789万吨，仍处于高位水平，到2022年，实现粮食产量68653万吨，增长了4%，基本上保持稳定连续增长的态势。可见，"两藏两辅"的强力政策让粮食连年丰收成为大趋势，为我国粮食安全提供强有力保障，也为乡村振兴目标奠定了良好的基础。

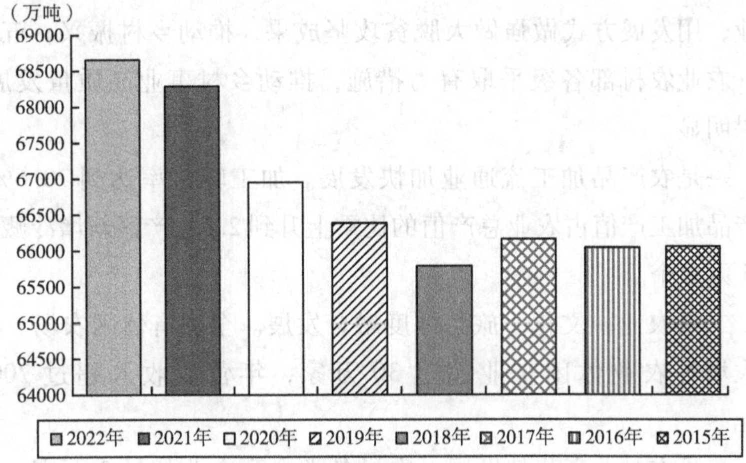

图5-2 近年我国的粮食产量

5.3.1.2 提高农民收入，守住不发生规模性返贫的底线

近年来，随着精准扶贫和乡村振兴的开展，农民的收入水平有了明显提高。2000年，农民人均可支配收入为0.23万元，而到2022年底达到2.01万元，是2000年农民人均可支配收入的近10倍。

脱贫攻坚任务圆满完成，但是后续跟踪工作仍要继续，坚决抵制返贫现象。首先，政府部门应该采取完善高效的返贫措施，力求在制度层面制定一套行之有效的方案；其次，增加就业机会，创造机会平等，大力扶持当地乡村支柱产业；再次，继续跟踪脱贫人员近况，及时处理返贫迹象；最后，应该继续加大帮扶力度，将返贫工作常态化，做好风险防控。

5.3.1.3 乡村产业发展亮点突出

产业振兴是乡村振兴的首要任务。《规划》强调发展壮大乡村产业，用发展方式做强做大脱贫攻坚成果，推动乡村振兴。五年来，农业农村部各级采取有力措施，推动乡村事业高质量发展，效果明显。

一是农产品加工流通业加快发展。加工转化率达到 70.6%，农产品加工产值占农业总产值的比重上升到 2.5，产区新增冷藏库位 5 万多个。

二是农业、文化、旅游深度融合发展。全国有休闲农场、旅游农场等农业休闲企业超过 30 万家，年营业收入超过 7000 亿元。

三是农村电商蓬勃发展。农村各类电商企业超过 3 万家，农村电商销售额超 2 万亿元，直播带货等新业态不断涌现。

四是乡村产业传承发展。截至 2021 年底，全国共授予“一村一品”示范镇 3637 个，评选推广乡村特产 2438 个，评选乡村工匠 622 名，授予多个“乡村品牌”“地方品牌”等奖项。

5.3.1.4 农业绿色发展取得积极成效

近些年来，农业绿色发展是关键词。农业发展坚持绿色创新是时代要求，是农业长期经营的保障。一方面，农业绿色创新提高产品质量，利用科学技术生产出更优质的农产品；另一方面，农业绿色发展提高农产品产量，在耕地面积不变的前提下，生产出更多产品。

图 5－3 显示，我国有效灌溉面积呈稳定增加态势。传统的农业灌溉方式采用土渠输水灌溉，农田灌溉水有效利用系数一般为 0.30 左右，渗漏和蒸发程度较高，水资源浪费严重。随着节水灌溉技术的发展和应用，新型农业灌溉方式应用并推广，水资源利

用效率得以有效提高。目前全国有效灌溉面积为 7.02 万千公顷，估算占耕地面积的 54.07%，而其中节水灌溉面积为 5.67 亿亩，仅占有效灌溉面积的 54.68%。

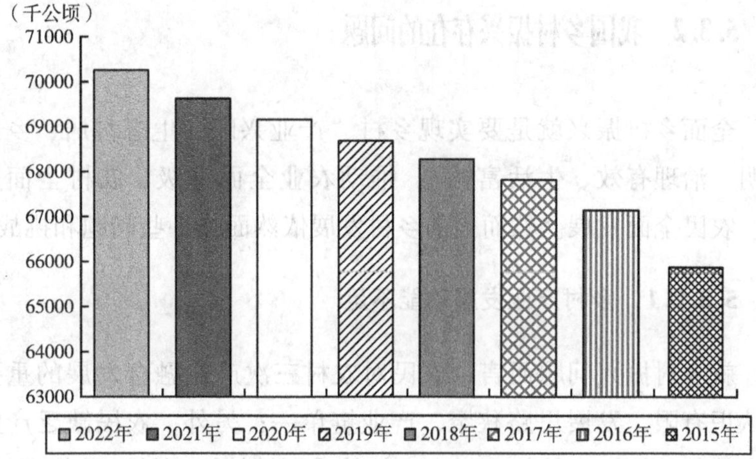

图 5-3　我国近年来的有效灌溉面积

与此同时，农业产地环境保护能力稳步加强。如图 5-4 所示，化肥农药施用量连续六年负增长，畜禽粪污综合利用率达到 76%，有效体现了农业绿色发展的理念和要求。

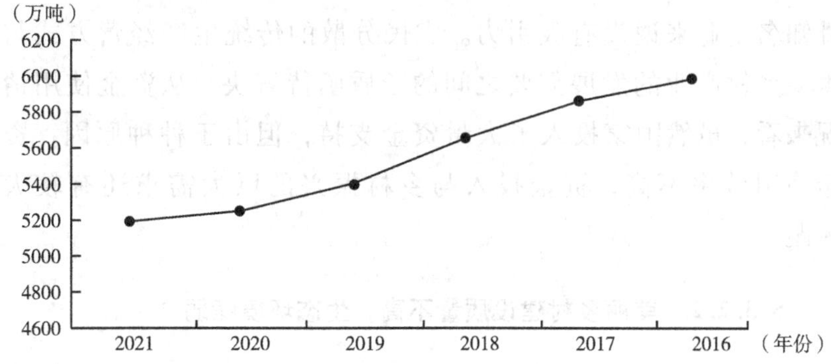

图 5-4　近年来的农用化肥施用折纯量

近年来，我国认证了多项绿色、有机、地理标志农产品。农产品质量安全常规监测成功率稳定在97%以上。城乡居民的消费需求正在从“吃饱”向“健康”转变。

5.3.2 我国乡村振兴存在的问题

全面乡村振兴就是要实现乡村“产业兴旺、生态宜居、乡风文明、治理有效、生活富裕”，推动农业全面升级、农村全面进步、农民全面发展。然而当前乡村发展依然面临一些问题和挑战。

5.3.2.1 乡村产业发展动能不足

就乡村振兴问题而言，农民对农村三次产业融合发展的重要性认识有限，发展思路狭窄，产业链单一；另外，农民缺乏产业整合的相关知识和技能，对农产品的重要性认识不够，品牌定位、形象塑造、广告策划和售后管理服务没有相应的技术和经验支持，品牌营销跟进缓慢。在推动和完善福利产业方面，目前乡镇龙头企业的数量、规模和水平远远落后于发展需要，真正能够发挥吸引力的龙头企业更是少之又少。农产品加工和研发水平不足，技术装备落后，农产品加工转化能力薄弱，农业开发对于国内外知名企业来说没有吸引力。农民分散的传统生产经营方式与繁荣乡村产业的发展需要之间的矛盾亟待解决。从资金使用情况来看，虽然国家投入了大量资金支持，但由于种种原因，资金使用效率不高，资金投入与乡村振兴的巨大需求还有较大差距。

5.3.2.2 美丽乡村建设质量不高，生态环境脆弱

原有农村基础设施普遍建设标准低、维护不到位、特色少、实用性差。一些设施陈旧，已不适应当前农村经济社会发展的需

要。一些新投资建设的基础服务项目与农村发展实际不相适应，对环境保护重视不够，缺乏生态上可行且管理有效的振兴项目，规划和控制还不够，有的农村建设缺乏规划，或者即使有规划，功能性不大，或者只是照搬。部分美丽乡村建设不能立足自身发展实际，乡村建设具有随意性。一些地方美丽乡村建设氛围不好，没有广告宣传，农民主动参与意识不强。农村环境还有很大改善空间，脏乱差的村庄依然存在，垃圾、污水、厕所改造工程缺乏科学规划。为了获得高产而大量使用化肥和农药，导致农田受到严重污染。乱砍乱伐、乱挖乱建、倾倒垃圾、非法开采地下水等行为让美丽乡村难以建设。

5.3.2.3　乡村文化发展受到一定冲击

随着现代社会的快速发展，人们的精神文化生活明显滞后于极其丰富的物质生活，乡村传统文化逐渐受到压制。近年来，乡村旅游在经济利益的驱动下兴起，导致本已脆弱的乡村文化进一步失去内涵，日趋商业化；此外，农村人口“空心化”问题日益突出，文化遗产也逐渐流失；公共文化服务体系建设不完善，文化战线和基础设施建设资金不足，农村文化市场发展结构不平衡，一些地区的乡村文化已经沦为附属于经济发展的地位，灵魂缺失，很多村民文化需求仍过于简单，乡村很少主动举行大型文化活动，也很难调动起村民参与文化建设的主动性。对比城镇居民人均教育文化娱乐支出，农村居民人均教育文化娱乐消费水平仍旧不高（见图5－5），其对教育文化的重视度有待提高。

5.3.2.4　乡村基层治理水平有待提高

随着城市化进程的推进，农村地区人员流失问题虽然得以缓解，但是仍然有大量青年人不愿返乡，更愿意留在大城市拼搏。归根结底是农村地区的发展仍不及城市，医疗卫生、教育水平等

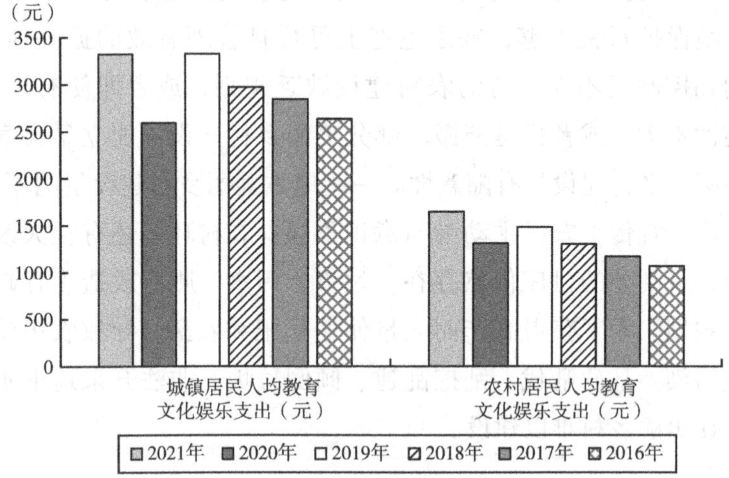

图5－5　我国的人均教育文化娱乐支出对比

都远远落后于城市，农村居民的幸福感得不到满足。这些导致乡村治理主体缺失，留守问题仍然严重。落实乡村振兴战略应该提高乡村基础治理水平，完善农村基础公共设施与服务，创新农村治理手段，让居民信服，让居民体会到关怀。

5.3.2.5　城乡融合阻力重重，城乡二元体制依然存在

城乡二元体制结构的最大特点是城市发展以牺牲农村发展为代价。当前，国家以乡村振兴为导向，积极推动城乡一体化发展，努力打破城乡二元体制结构，但城乡二元体制在一些地区仍然存在。一方面，东部沿海地区经济发展较快，数字基础设施良好，为乡村振兴和农村数字普惠金融实施提供了一定的基础保障。另一方面，从教育角度来看，西部地区人均受教育程度低于东部地区，数字普惠金融的接受度和能力较低，直接导致数字普惠金融的发展在这些地区的发展速度较慢且水平不高。

5.4　我国乡村振兴评价指数的构建及分析

5.4.1　乡村振兴指数构建

5.4.1.1　乡村振兴发展水平评价体系构建原则

为了科学有效地评估本章选取的 30 个省区市的乡村振兴发展水平，在构建乡村振兴发展水平评价体系时应考虑以下几点：

一是全面性和综合性。选取的指标应具有一定的完备性，建立的评价指标体系应全面反映全国不同地区乡村振兴的发展水平和发展质量。

二是数据可得性。指标的选择必须充分考虑所选指标的相关数据是否容易获得，易于收集，这样才能避免常见的数据丢失的情况。

三是科学性和合理性。在指标的选取上，应遵循科学性和常识性原则，保证指标在一定程度上客观、真实，还要注意信息的可用性，确保数据经过多次计算和处理后，仍然具有一定的实际意义，能够在系统中良好运行。

5.4.1.2　乡村振兴指数的指标选取

乡村振兴战略的总体要求是“产业兴旺、生态宜居、乡风文明、治理有效、生活富裕”。鉴于此，本书参考以往文献，依据乡村振兴发展的内容，构建了五个维度、24 个基础评价指标的测度体系。

（1）产业兴旺。产业兴旺是实现乡村振兴的基本前提，也是改善乡村居民生活的关键。挖掘农村支柱产业，因地制宜发展农村经济，实现农村产业链发展，以带动农村居民就业，缩小城乡居民收入差距；充分利用科学技术，带动农业规模发展，使农业生产专业化、标准化、集约化，培育多样化产品，并有效提高产量。因此，产业兴旺主要从工资收入占可支配收入比、单位农林牧渔业增加值电力消耗、有效灌溉面积占耕地面积比重、亩均农业机械动力数、单位农业产值用水量等方面来衡量。

（2）生态宜居。生态宜居是乡村振兴的重要支撑点，是农村可持续发展的重要保障。乡村地区的自然环境相对原始，被破坏程度小于城市，在发展乡村地区的过程中应保护生态环境，理解自然、尊重自然，实现人与自然的和谐发展。而这一过程需要良好的公共服务支撑，需要大量的自然保护志愿者，这便需要政府大力投资各项公共设施、改善医疗卫生条件、搭建5G网络、完善当地教育水平等。因此，生态宜居主要从农村人均诊疗次数、孕产妇死亡率、农村卫生厕所改造率、供水普及率、道路密度、养老保险参保率等方面来衡量。

（3）乡风文明。乡风文明为乡村振兴发展提供了良好的人文环境，是乡村振兴的重要保障。乡风是农村地区中农村居民的精神面貌，是精神思想的外化体现，所以乡风文明的提升，应该着眼于农村居民的精神文化需求，将外化的当地传统文化，内化于居民内心，以提高农民的道德水平和科学文化素质。因此，乡风文明主要从农村居民平均受教育年限、人均教育文娱支出、有线广播电视覆盖率方面来衡量。

（4）治理有效。治理有效是推动乡村振兴的基础，为乡村振兴提供了良好的秩序保障。乡村治理要提高乡村居民的主体意识，激发主体参与乡村建设的积极性，充分发挥基层组织的作用，让农村公众广泛参与到乡村治理中来；发挥社会服务组织的作用，提高对农村弱势居民的保障程度，推进乡村的共同富裕。治理有效主要从农村居民最低生活保障人数、农村居民最低生活保障平均标准、农村与城镇居民最低生活保障标准之比、农村参加自治组织人数比等方面来衡量。

（5）生活富裕。生活富裕是乡村振兴的根本和首要目标，也是实现共同富裕的根本要求，农村居民收入是实现生活富裕的物质条件。应该最大限度地保障农村居民有更多的收入，不再仅仅以满足温饱为目的，而是引导农村居民获取多样化收入，如随着数字普惠金融的发展，农村居民可增加一些理财收入。提高居民收入不仅可以提高农村居民的经济实力，还缩小了城乡收入差距。因此，生活富裕主要从农村居民人均可支配收入、农村居民人均消费支出、农村居民恩格尔系数、城镇化率、农村居民与城市居民收入比、农村居民与城市居民消费比等方面来衡量。本章根据乡村振兴的目标要求，结合依据“五个维度”设计了评价指标体系，具体指标体系见表 5－2。

表 5－2　　乡村振兴发展综合评价体系

一级指标	二级指标	二级指标具体测量	影响方向
产业兴旺	收入结构	工资收入/可支配收入	+
		单位农林牧渔业增加值电力消耗	−
	现代化水平	有效灌溉面积/现有耕地面积	+
		亩均农业机械动力数	+
	生产环境	单位农业产值用水量	−
		农村人均诊疗次数	+
生态宜居	医疗条件	孕产妇死亡率	−
	生活条件	农村卫生厕所改造率	+
		供水普及率	+
	交通条件	道路密度	+
	社会保障	养老保险参保率	+
乡风文明	教育发展	农村居民平均受教育年限	+
	文娱建设	人均教育文娱支出	+
		有线广播电视覆盖率	+

续表

一级指标	二级指标	二级指标具体测量	影响方向
治理有效	治理效果	农村居民最低生活保障人数	-
		农村居民最低生活保障平均标准	+
		农村最低生活保障/城镇居民最低生活保障	+
	自治水平	农村参加自治组织人数/总人口	+
生活富裕	收入与消费	农村居民人均可支配收入	+
		农村居民人均消费支出	+
		农村居民恩格尔系数	-
	城乡融合	城镇化率	+
		农村居民收入/城市居民收入	+
		农村居民消费/城市居民消费	+

5.4.1.3 乡村振兴指数的计算

由于指标中有正向指标和负向指标，在计算权重前，本章对负向指标取倒数。在指数的测量中，指标权重的确定非常重要，基于信息熵理论的熵值法是一种客观赋值方法，本章采用熵值法来构造各具体指标的权重，其中 i 表示第 i 个地区，共 m 个地区，j 表示第 j 个指标，共 n 个指标，t 表示年份，共 k 年。

第一，对指标进行标准化处理。

$$Y_{ijt} = \frac{X_{ijt} - MIN_{ijt}}{MAX_{ijt} - MIN_{ijt}} \tag{5-1}$$

第二，对指标进行归一化处理。

$$P_{ijt} = \frac{Y_{ijt}}{\sum_{t=1}^{k} \sum_{i=1}^{m} Y_{ijt}} \tag{5-2}$$

第三，计算指标的熵值。

$$E_j = -\frac{1}{\ln(m \times k)} \sum_{t=1}^{k} \sum_{i=1}^{m} P_{ijt} \ln(P_{ijt}) \tag{5-3}$$

第四，计算各指标的冗余度。

$$D_j = 1 - E_j \tag{5-4}$$

第五，计算各项指标的权重。

$$W_j = \frac{D_j}{\sum_{j=1}^{n} D_j} \tag{5-5}$$

利用熵值法计算得出产业兴旺维度的权重为0.1253，生态宜居维度的权重为0.2487，乡风文明维度的权重为0.125，治理有效维度的权重为0.251，生活富裕维度的权重为0.250。

第六，根据各项指标的权重计算乡村振兴发展指数。

5.4.2　乡村振兴指数分析

依据上述步骤，计算出我国30个省区市（不含西藏、港澳台地区）的乡村振兴指数。具体结果如表5－3所示。同时，为了更好地比较和分析不同地区乡村振兴的发展现状，本章分东中西部三个区域进行比较研究，开展相应的乡村振兴研究，该指数的平均值反映了该地区乡村振兴发展的水平。

表5－3　各省区市的乡村振兴指数

年份	2011	2012	2013	2014	2015	2016	2017	2018	2019	2020	2021
北京	48.662	50.702	50.894	54.002	55.425	57.572	59.041	60.992	62.629	56.083	58.444
天津	37.712	40.432	42.904	45.602	48.835	49.522	51.081	50.842	51.959	45.773	47.312
河北	35.932	36.872	45.334	47.782	49.575	51.192	52.509	54.192	52.939	61.443	62.632
辽宁	41.942	42.792	50.814	52.632	53.545	54.772	54.961	55.692	56.949	55.023	56.922
上海	41.712	42.793	50.814	52.628	53.535	54.772	54.961	55.692	56.949	55.023	55.992
江苏	45.842	48.402	50.324	50.122	51.895	53.852	55.661	57.786	60.749	60.573	61.232
浙江	48.672	50.222	55.714	57.712	59.925	61.782	63.051	65.642	68.779	58.925	63.482

续表

年份	2011	2012	2013	2014	2015	2016	2017	2018	2019	2020	2021
福建	40.862	42.322	49.024	49.928	51.28	52.842	54.601	57.432	60.449	59.963	60.955
山东	38.132	39.362	43.764	46.042	48.075	49.612	51.701	53.222	55.039	55.273	55.782
广东	35.262	36.702	42.984	45.812	46.165	47.732	49.421	53.332	55.419	55.033	56.042
海南	42.692	44.082	53.864	55.792	57.875	61.062	63.181	64.972	66.509	65.295	67.892
均值	41.582	43.192	48.104	50.112	51.785	53.633	55.161	56.902	58.759	57.343	59.062
山西	36.162	37.772	45.064	46.316	47.465	48.882	48.451	48.382	48.319	46.793	47.992
吉林	40.322	42.262	48.966	50.262	51.125	52.102	52.761	54.092	55.891	55.103	56.462
黑龙江	40.267	42.472	50.794	52.882	54.675	56.002	57.441	57.752	60.999	59.003	60.352
安徽	34.392	35.555	40.354	42.392	43.655	45.562	47.53	49.812	52.209	53.563	55.072
江西	36.612	37.932	43.824	46.212	48.605	49.852	51.691	54.132	56.979	58.366	59.787
河南	33.242	35.542	41.606	43.912	45.385	46.812	48.511	50.562	53.149	52.053	53.562
湖北	36.922	38.802	47.024	49.602	51.265	52.002	54.601	56.522	59.389	56.983	58.742
湖南	34.952	36.542	45.054	48.982	51.265	53.762	56.167	56.248	58.499	58.373	59.182
均值	36.612	38.365	45.334	47.572	49.175	50.622	52.141	53.432	55.679	55.033	56.592
内蒙古	38.592	38.882	48.704	50.682	52.355	53.262	54.781	56.542	57.839	57.873	58.062
广西	34.322	36.202	44.574	46.022	48.575	50.882	53.191	55.252	57.189	56.953	57.342
重庆	32.642	34.972	42.244	42.252	43.915	46.577	49.201	50.472	52.91	53.923	54.842
四川	31.069	32.132	37.494	39.262	41.085	42.102	44.231	46.062	48.569	50.423	52.562
贵州	28.402	30.752	39.424	43.902	46.975	50.502	52.171	52.262	54.419	54.273	55.072
云南	32.552	34.562	42.224	46.152	47.565	50.172	52.721	54.532	55.209	57.873	59.262
陕西	40.962	41.842	49.164	49.052	51.202	52.272	52.201	54.292	55.019	54.123	55.741
甘肃	29.422	30.742	38.264	39.544	41.565	43.452	44.031	46.062	47.469	47.573	48.742
青海	28.302	29.792	43.244	36.182	39.506	40.422	41.501	42.519	44.279	46.353	47.852
宁夏	32.072	33.972	41.613	43.392	46.445	49.592	56.251	54.162	54.859	55.953	57.062
新疆	29.852	31.092	36.814	37.992	38.855	41.312	43.638	46.702	48.379	49.803	50.432
均值	32.56	34.082	42.164	43.132	45.275	47.322	49.351	50.802	52.379	53.193	55.035

从表5-3和图5-6可以看出，东、中、西部地区乡村振兴指数大幅提升，但西部地区乡村振兴水平始终落后于东部地区，这与我国数字普惠金融的态势相同，也与我国经济发展的基本态势一致。以2021年为例，东、中、西部的乡村振兴指数分别为59.062、56.592和55.04。另外，各省区市乡村振兴发展水平虽然存在一定差距，但已明显缩小。例如，2011年，东部乡村振兴指数是西部地区的1.28倍，而到2021年，东部乡村振兴指数是西部地区的1.07倍。

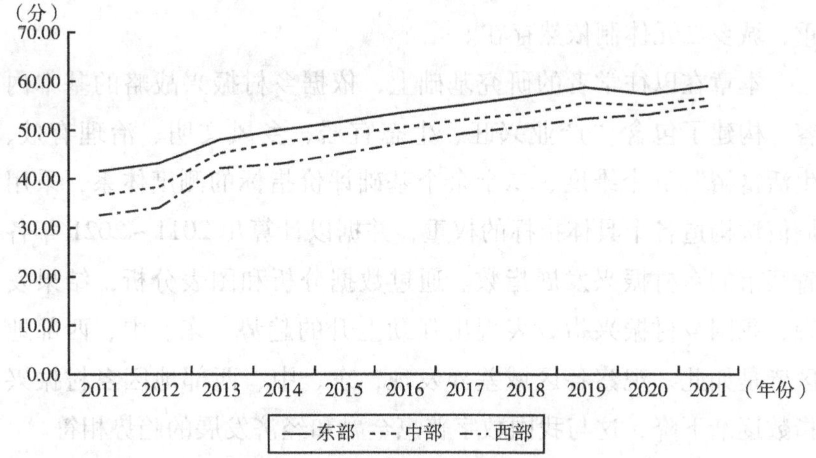

图5-6　各地区的乡村振兴指数差异

5.5　本章小结

2020年年底，随着脱贫攻坚的全面完成，我国更是将工作重心放到了推动和实施乡村振兴战略中来，出台了一系列政策和文件，为乡村振兴战略提供了有力支持。在政策保障下，我国近年来各地加大对农村地区的投资力度，继续改善农村人居环境，高度重视发展农村义务教育，因此乡村振兴取得了很多成果。其主要表现在：“两藏两辅”政策保障了粮食的连年丰收；持续提高农民收入，守住不发生规模性返贫的底线；乡村产业发展亮点突出，农文旅深度融合发展；持续推动农业绿色发展，农业资源保育能力稳步增强。

在乡村振兴快速发展的同时，我国乡村振兴依然存在一些问题，主要表现在以下方面：乡村产业发展动能不足，资金投入缺口较大；美丽乡村建设质量不高，生态环境脆弱；农民的精神文化生活明显滞后，乡村文化发展受到一定冲击；城乡融合阻力重重，城乡二元体制依然存在。

本章在以往学者的研究基础上，依据乡村振兴战略的基本内容，构建了包含“产业兴旺、生态宜居、乡风文明、治理有效、生活富裕”五个维度、二十余个基础评价指标的测度体系，采用熵值法构造各个具体指标的权重，并据以计算出 2011 ~ 2021 年各省区市的乡村振兴发展指数。通过数据分析和图表分析，结果发现，我国乡村振兴指数表现出强劲上升的趋势，东、中、西部地区皆是如此，观察各区域差异发现，东、中、西部地区乡村振兴指数逐渐下降，这与我国数字普惠金融和经济发展的趋势相符。

第6章　数字普惠金融对乡村振兴的总体影响

新百年新征程，数字普惠金融在我国乡村振兴推进过程中扮演着不可或缺的角色。本章将从实证性研究角度入手，探究数字普惠金融在乡村振兴过程中发挥的重要作用。

6.1 理论分析与研究假设

数字普惠金融是大数据、物联网、人工智能、区块链等数字化信息技术与传统普惠金融深度交融的产物，具有更广的覆盖性、多元化的服务方式，实现更低的交易成本，因而具有更大的包容性和普惠性，有利于推进乡村振兴的发展。

数字普惠金融在助力乡村振兴目标实现方面的优势主要包括以下几点：首先，数字普惠金融依托于互联网技术，利用两者相互融合的特点发挥“1+1>2”的效果。互联网技术的应用将传统普惠金融地域限制的问题最小化，有效拓宽了金融服务的覆盖范围，增强了金融服务的可触达性，提高了金融服务的便利度，因而数字普惠金融具有覆盖范围广、交易成本低的优势，能够为农民和农村提供便捷的金融服务。其次，传统普惠金融在乡村征信系统完善方面仍存在问题，例如，衡量征信途径较少、可衡量信用程度的指标较少等，信用评估问题的不完善会将真正的“长尾”群体排除在外。而相对地，数字普惠金融能够利用数字技术方面的大数据分析技术尽可能完善、广泛、详细采集信用数据，重构农村信用评估体系，从而缓解了面向农户、农业和农村的金融排斥问题，扩大了乡村建设的信贷可得性，能够有效缓解农村地区金融资源稀缺、金融服务匮乏的问题。再次，数字普惠金融作为“金融科技+普惠金融”的结合体，能够以数字化方式引发农村地区经济和社会各个领域的模式创新和深度变革，并极大地降低了数字普惠金融服务的搜寻成本、交易成本和评估成本，从而降低了农村地区的资金使用成本，缓解了农村和农户正在经历的融资约束，提高了金融服务的可获得性和覆盖广度，使得普惠性得以更充分的体现。最后，数字普惠金融能够提高从储蓄到投资的转化率，提高资源的配置效率和资源产出率，从而推动农村经济发展和农业产出增加，与此同时，数字普惠金融使得支付手段发生变化，带来了新型消费模式和商业模式，提高了农村的数字化水平，进而推动了农村地区的经济发展和农民收入水平提高。

基于前述分析，提出以下研究假设：

H6－1：数字普惠金融发展能够促进乡村振兴发展。

里德定律指出，数字经济具有非线性溢出效应，即当数字经济发展到一定水平时可使数字经济的互联网价值呈现出指数型增长趋势，而作为数字经济不可或缺的载体之一的数字普惠金融，其对乡村振兴水平的影响是否也具有这种非线性动态效应呢？王森、陈宇斌（2022）认为数字普惠金融对乡村发展具有非线性特征，主要体现在数字普惠金融发展对乡村水平的提升存在门槛效应，其可能原因在于：首先，在数字普惠金融发展初期，农村地区由于数字设施尚不完善、相关配套技术欠成熟，再加之用户接受度不够等制约因素的存在，使得其对乡村振兴水平的促进作用不明显，而当数字普惠金融发展到一定阶段时，其对乡村振兴的促进作用将逐步增强；其次，数字普惠金融具有一定的“俱乐部收敛效应”，即当数字普惠金融发展水平超过某一特定值后，其发展所需劳动、资本、数字技术等要素供给增加降低了生产要素边际报酬，故对乡村振兴的影响存在边际递减效应，呈现出非线性特征。

城镇化水平在这一过程中发挥着至关重要的作用。李娜（2022）研究发现，不同程度的城镇化速度会对数字普惠金融发展水平产生影响，从而进一步影响乡村振兴水平。王媛媛、韩瑞栋（2021）证明了数字普惠金融发展与城镇化两者之间存在耦合协调关系，在城镇化程度不同的地区，其数字普惠金融发展水平亦存在差异，而且，城镇化对数字普惠金融的影响具有区域异质性。其具体表现为：三线城市相较于一线二线城市，城镇化的影响要更为显著；在东北地区和西北地区相较于东部和中部地区，城镇化的影响要更为显著。城镇化强调以人为本，注重的是产业协同、可持续发展的思路。在城镇化发展过程中，人们在信息技术的接受和使用方面会产生差异，使其对于数字普惠金融的认识水平及掌握程度差距会越来越大，影响数字普惠金融发展进程，进而对乡村振兴水平产生一定影响。

基于以上分析提出以下研究假设：

H6 -2：城镇化水平使数字普惠金融发展对乡村振兴水平的影响存在门槛效应。

相较于传统普惠金融，数字普惠金融具有“成本低、速度快、覆盖广”的优势，更利于推动乡村振兴目标的实现。

数字普惠金融的覆盖范围更为广泛，有利于拓宽农户和涉农企业的融资渠道。数字普惠金融对传统的金融物理网点的依赖度较低，也不拘泥于传统的线下服务，而是利用电子账户和第三方支付作为融资理财的主要渠道和方式，因而数字普惠金融的覆盖范围得以进一步扩大，使更多的农户和涉农企业成为其金融服务的目标和对象（Geng Zhechen & He Guosheng，2021）。此外，提供数字普惠金融服务的主体不局限于传统的商业银行，互联网科技公司和银行系金融科技子公司也可以提供相关金融服务，加上民营银行的出现和发展打破了“所有权歧视”现象，使得金融服务的覆盖范围得以进一步扩大，并为农户和涉农企业提供多元化的融资渠道和金融服务，助力乡村振兴目标的实现（黄锐，2021）。

数字普惠金融加深了市场主体对金融服务的使用深度。金融服务有多种方式，具体包括信贷、移动支付、货币基金、保险和投资等，随着我国金融市场的发展，金融产品日益多元化，市场主体参与金融服务的方式也日益丰富，且使用频率大大提高。在此背景下，随着数字化水平的提高，金融企业能够快速捕捉到农户和涉农企业获取数字金融服务所留下的网络信息痕迹，并对这些信息进行分析和预测，形成包括其投资融资和生产经营等在内的全方位的信息，从而弱化金融市场中双方的信息不对称程度。借助于文本挖掘技术，金融机构能够将农户和涉农企业的文本信息资源进行数字化处理，从而更好地掌握企业的财务状况，了解企业的经营情况，减少金融服务供需双方的搜寻时间和匹配成本（唐松等，2019）。借助于日新月异的互联网技术，数字普惠金融能够进行大数据溯源，还原农户和涉农企业的行为特点，对企业的信用信息和财务信息进行全方位的分析，有效提高企业的信息透明度，并倒逼企业进一步提高其信息披露质量，降低和控制信贷风险，进而推动乡村振兴目标的实现（ Banna Hasanul et al.，2021）。

数字普惠金融促进了金融服务的数字化程度。21 世纪以来，数字技术的发展日新月异，带来了金融服务的移动化、便利性和信用化，并大大降低了交易成本，从而提高了农户和涉农企业的融资效率和投资水平（Jie Li et al.，2020）。如今，农村的基础通讯设施已广泛覆盖和普及，数字普惠金融服务能够向农户和涉农企业提供时间不间断、空间无差别的金融服务，提高了他们享受现代金融服务的便利性，也大大降低了金融机构服务新增成本的边际成本。由于互联网构建了更为完善的信用信息服务系统，金融机构能够更为快速获得客户的信用信息，并进行多层次全方位的信用评价，从而为客户提供更低成本、更小风险且更为便捷的金融服务，助力乡村振兴目标（梁榜、张建华，2018）。

基于上述分析，本章提出如下假设：

H6－3a：数字普惠金融通过提高覆盖广度进一步缓解中小微企业融资约束。

H6－3b：数字普惠金融通过加大使用深度进一步缓解中小微企业的融资约束。

H6－3c：数字普惠金融通过提升数字化程度进一步缓解中小微企业的融资约束。

6.2　研究设计

6.2.1　样本和数据来源

本章选取的数字普惠金融相关数据来源于《北京大学数字普惠金融指数报告（2011～2021）》，乡村振兴指数利用公开数据自行测算，其他各项指标和相关数据来源于国泰安数据库（CS-MAR）和国家统计局官方网站。因部分数据缺失，本章剔除了数据缺失较多的年份及地区，选择的样本期间设定为 2011～2021 年。

6.2.2　模型设定

本章采用实证研究法对数字普惠金融和乡村振兴的关系进行研究。

首先，为验证数字普惠金融对乡村振兴发展的总体影响，构建模型：

$$RURAL_{i,t} = \beta_0 + \beta_1 DIFI_{i,t} + \sum CTRL_{i,t} + \delta_i + \theta_t + \varepsilon_{i,t} \quad (6-1)$$

其中，被解释变量 *RURALD* 表示乡村振兴发展指数，解释变量 *DIFI* 为数字普惠金融指数。*CTRL* 表示控制变量，并控制了省域固定效应 δ_i 和年份固定效应 θ_t，$\varepsilon_{i,t}$表示随机误差。

其次，考虑到内生性问题，使用 GMM 方法进行检验，构建了动态面板模型：

$$RURALD_{i,t} = \gamma_0 + \gamma_1 RURALD_{i,t-1} + \gamma_2 DIFI_{i,t} + \sum CTRL_{i,t} + \delta_i + \theta_t + \varepsilon_{i,t} \quad (6-2)$$

最后，考虑到数字普惠金融发展对乡村振兴水平的影响可能是非线性的，使用面板门槛模型，分析数字普惠金融对乡村振兴的非线性影响。门槛效应是指当一个经济变量达到某一数值后，将引起另一个经济变量发生变化的现象。借鉴以往学者研究，本章以乡村振兴指数作为门槛变量构建面板门槛效应模型。

$$Rural_{it} = \alpha + \beta_1 Dif_{it}(q_i \leqslant r) + \beta_2 Dif_{it}(q_i > r) + \beta_3 Lngdp + \beta_4 Afe + \beta_5 Is + \beta_6 Old + \beta_7 Nu + \beta_8 Ip + \beta_9 Opening + \varepsilon_{it} \quad (6-3)$$

6.2.3 变量设定

6.2.3.1 被解释变量（RURALD）

在现有研究基础上，本章按照“产业兴旺、生态宜居、乡风文明、治理有效、生活富裕”的总体要求，构建了 5 个一级指标、24 个二级指标的综合评价体系，具体见表 6－1。在此基础上，本章采用熵值法来构造各具体指标的权重，根据各项指标的权重计算乡村振兴发展指数。

表 6－1　乡村振兴发展综合评价体系

一级指标	二级指标	二级指标具体测量	影响方向
产业兴旺	收入结构	工资收入/可支配收入	+
		电力消耗/农林牧渔业增加值	－

续表

一级指标	二级指标	二级指标具体测量	影响方向
产业兴旺	现代化水平	有效灌溉面积/耕地面积	+
		亩均农业机械动力数	+
	生产环境	单位农业产值用水量	−
		农村人均诊疗次数和费用	+
生态宜居	医疗条件	孕产妇死亡率	−
	生活条件	农村卫生厕所改造率	+
		供水普及率	+
	交通条件	道路密度和道路质量	+
	社会保障	养老保险参保率	+
乡风文明	教育发展	农村居民平均受教育年限	+
	文娱建设	人均教育文娱支出	+
		有线广播电视覆盖率	+
治理有效	治理效果	农村居民最低生活保障人数	−
		农村居民最低生活保障平均标准	+
		农村最低生活保障标准/城镇居民最低生活保障标准	+
	自治水平	农村参加自治组织人数/总人数	+
生活富裕	收入与消费	农村居民人均可支配收入	+
		农村居民人均消费支出	+
		农村居民恩格尔系数	−
	城乡融合	城镇化率	+
		农村居民收入/城市居民收入	+
		农村居民消费/城市居民消费	+

6.2.3.2　解释变量（DIFI）

北京大学数字金融研究中心于 2021 年 4 月发布了《北京大学数字普惠金融指数（2011～2020 年）》，这一指数在学术界得到普遍认可和应用，因此本章选择该指数作为解释变量。

6.2.3.3 控制变量

乡村振兴的发展受到诸多因素的影响，因此需要加入控制变量。根据以往文献研究，本章的实证研究部分选取以下控制变量：

（1）开放程度（OPEN）。地区贸易对乡村振兴存在双向影响。一方面，可能会导致年轻化、高素质的农村人口流向城镇，阻碍乡村振兴；另一方面，贸易开放能带来经济产出，增加农村人口的收入水平，进而刺激地方消费。

（2）老年人抚养比（OLD）。农村地区的老龄化问题严重，老年人抚养比偏高，并对乡村生产、生活以及当地经济发展都会产生负面影响，进而阻碍乡村振兴目标的实现。

（3）财政分权程度（FD）。由于财政分权，政府往往会实施偏城市化倾向的投资策略，这不利于乡村经济发展和乡村振兴的推动。因此，政府应赋予地区在教育、医疗等方面财政资金分配上更多的自主权，充分发挥各地区财政在乡村振兴中的作用。

（4）产业结构（IS）。地区产业结构会影响农村经济的健康发展。第二产业是地方经济发展的支柱产业，其发展能够带动地区就业，但也可能导致乡村劳动力人口流失，影响乡村振兴。

（5）经济集聚度（ECON）。经济集聚有利于产生向心力，带来产出效应和辐射效应，因此，经济聚集程度越高，由城市向乡村产生的外扩效应就越明显，能促进乡村的振兴发展。

（6）财政农林支持度（AGR）。农业和林业的发展对农村经济发展非常重要。增加向农林的财政支出，能够完善农村地区的基础设施建设，为乡村振兴目标的实现提供保障和条件。

（7）金融发展水平（FC）。金融发展水平对经济发展有重要的影响，能为经济发展提供金融资源和服务。但鉴于农村地区普遍存在的金融排斥，传统金融也可能对农村经济发展产生不利的影响。

本章选取的主要变量及其测度方法见表 6－2。

表 6－2　　主要变量定义表

变量	变量含义	测量方法
RURALD	乡村振兴发展指数	根据构建的指标体系计算得到
DIFI	数字普惠金融指数	数字普惠金融指数
OPEN	开放程度	按汇率折算的进出口总额/GDP 总额×100
OLD	老年人抚养比	需抚养老年人人数/劳动人口×100
FD	财政分权程度	地方人均财政支出/（地方人均财政支出＋中央财政人均支出）
ECON	产业结构	第二产业增加值/GDP×100
IS	经济集聚度	Ln（GDP 总额/地区行政面积）
AGR	财政农林业支持度	向农林业的财政支出/财政支出总额×100
FC	金融发展水平	金融机构存贷款之和/GDP

6.2.4　描述性统计

表 6－3 列示了各个变量的描述性统计结果。由此可见，乡村振兴指数的均值为 0.21，标准差为 0.1121，数字普惠金融指数的均值为 203.36，标准差为 91.57，其他各变量的分布均在合理范围内。

表 6－3　　各变量描述性统计分析

变量	样本量	均值	中位数	标准差	最小值	最大值
RURALD	330	0.2105	0.1792	0.1121	0.0864	0.7719
DIFI	330	203.3576	214.4550	91.5675	18.3300	410.2800
OPEN	330	27.9095	14.3455	29.6772	1.2779	146.3781
OLD	330	14.0356	13.8000	3.2732	7.40000	23.8000

续表

变量	样本量	均值	中位数	标准差	最小值	最大值
FD	330	0.4852	0.4615	0.0853	0.3554	0.6866
ECON	330	2.5095	2.5442	1.6306	-1.6260	6.3957
IS	330	41.4859	42.7313	8.0276	15.9892	61.9603
AGR	330	11.3965	11.4306	3.1885	4.1097	18.9663
FC	330	2.3298	2.1410	0.7730	1.1604	6.9950

6.3 实证检验和结果分析

6.3.1 基准回归

本章对模型（6-1）和模型（6-2）进行回归，检验了数字普惠金融对乡村振兴发展的影响，实证检验结果见表6-4。

表6-4 数字普惠金融对乡村振兴发展的影响：基准回归

变量	RURALD		
	(1)	(2)	(3)
DIFI	0.0016 *** (3.13)	0.0012 *** (3.25)	0.0001 ** (2.10)
OPEN	—	-0.0012 *** (-3.80)	-0.0000 (-0.18)
OLD	—	0.0037 * (1.93)	-0.0005 (-1.16)
FD	—	-0.0601 (-0.56)	0.0020 (0.10)

续表

变量	RURALD		
	(1)	(2)	(3)
ECON	—	0.0655*** (3.15)	-0.0004 (-0.32)
IS		-0.0020** (-2.35)	-0.0002 (-1.19)
AGR	—	0.0040*** (3.00)	-0.0002 (-0.35)
FC	—	-0.0021 (-0.249)	-0.0014 (-1.09)
Constant	0.4305*** (5.41)	0.2965** (2.47)	-0.0018 (-0.06)
L. RURALD	—	—	1.0134*** (41.35)
时间效应	控制	控制	控制
省域效应	控制	控制	控制
样本数	270	270	240
R^2	0.9738	0.9813	AR (1): 0.012 AR (2): 0.616
F	264.121	297.980	Sargan: 0.466

注：括号内为t统计量，*、**、***分别表示10%、5%、1%显著性水平。下同。

本章使用了聚类稳健标准误，以保证检验结果的稳健性，回归结果见表6-4中的列（1）和列（2）。列（1）只加入了解释变量——数字普惠金融，回归系数为0.0016，通过了1%的显著性检验，说明数字普惠金融指数每提高1个百分点，乡村振兴指数能提高0.0016个百分点。列（2）在此基础上，加入了开放程度等七个控制变量，回归系数由原来的0.0016降低为0.0012，且在1%统计水平上仍然显著，进一步验证了数字普惠金融对乡村振兴的显著促进作用。此外，数字普惠金融发展可能对乡村振兴存在滞后效应，即当期乡村振兴发展水平可能受到上期数字普惠金融的影响，进而带来内生性问题。因此本章采用动态面板模型的广义矩估计方法（GMM）。回归结果见表6－4的列（3），其中数字普惠金融的回归系数为0.0001，通过了5%的显著性检验。进一步观察GMM回归结果，AR（1）检验的P值为0.012，小于5%，AR（2）检验的P值为0.616，大于10%，说明二阶序列自相关不显著，同时，Sargen检验的P值为0.466，大于0.1，说明本模型选取的工具变量是合理的。

以上回归结果说明，无论采用的是静态面板估计方法还是动态面板估计方法，数字普惠金融对乡村振兴发展都具有显著的正向促进作用，验证了研究假设H6－1。

6.3.2 门槛模型检验

基于以上基准回归分析，本章证实了数字普惠金融发展对乡村振兴水平的影响是显著且正向的，但并未说明这些影响是线性的还是非线性的。本章通过借鉴以往学者的相关研究，在此以城镇化率作为门槛变量，进一步验证数字普惠金融发展与乡村振兴水平之间是否具有非线性门槛效应。本章以Bootstrap法重复抽样500次的方式进行检验，检验结果见表6－5。

表6－5　　门槛效应检验结果

门槛变量	门槛模型	F统计值	P值	10%临界值	5%临界值	1%临界值
DIFI	单一门槛	29.13	0.0033***	16.7281	20.3288	25.4316
	双重门槛	10.14	0.1642	26.6782	41.2457	62.0914
	三重门槛	5.62	0.1903	25.0731	22.0915	37.2633

注：*、**、***分别表示10%、5%、1%显著性水平。

结果显示，当执行双重和三重门槛检验时，P 值均不显著，故两者之间不存在多重门槛效应，而在执行单一门槛操作时，P 值显著，故存在单一门槛效应。因此，随着城镇化率的提高，数字普惠金融发展对乡村振兴水平的影响存在单一门槛效应，有门槛值限制，即两者之间关系并非简单线性。据此假设 H6－3 得以验证。

面板门槛模型的估计结果见表 6－6 和表 6－7。可见，城镇化率的门槛值为 0.8853，对应的置信区间为［0.8431，0.8913］。一方面，当城镇化率低于门槛值 0.8853 时，数字普惠金融发展对乡村振兴水平的影响通过 1% 的显著性水平检验，且系数显著为 0.305，说明当数字普惠金融每提高 1 个单位，乡村振兴水平提高 0.305 个单位。另一方面，当城镇化率高于门槛值 0.8853 时，数字普惠金融发展对乡村振兴水平虽然仍有正向促进作用，但影响效果有所减弱，影响系数降低为 0.071。总之，城镇化率在一定区间内时，数字普惠金融可显著提高乡村振兴水平，但随着城镇化率的进一步加快，数字普惠金融发展对乡村振兴水平的提升作用呈现减弱趋势，可能原因是青壮年人口过度向城市转移导致了农村劳动力短缺，使留在农村的居民大多数为老年人，其对数字金融技术掌握度还不够，进而影响乡村振兴的进程。

表 6－6　　门槛估计结果

门槛	估计值	95% 置信区间
单一门槛	0.8853	［0.8432，0.8911］

表 6－7　　门槛回归结果

变量	Rural
DIFI（q 小于等于 0.8853）	0.305***（0.050）
DIFI（q 大于 0.8853）	0.072（0.053）
Afe	0.301*（0.132）

续表

变量	Rural
Is	-0.013（0.012）
Old	0.198（0.124）
Opening	-0.174*（0.015）
LNgdp	-0.001（-0.021）
Ip	0.034（0.030）
-Cons	0.184（0.211）
R^2	0.831
N	330

注：括号内为t统计量，*、**、***分别表示10%、5%、1%显著性水平。

6.3.3 不同维度数字普惠金融对乡村振兴的影响检验

北京大学的数字普惠金融包含覆盖广度（BREADTH）、使用深度（DEPTH）和数字化程度（DIGI）三个维度，分别体现了数字普惠金融的可触达性、用户参与的程度和利用数字技术的便利性。这三个维度是否会推动乡村振兴发展，推动效果是否不同，本章将在此进行实证检验，检验结果见表6-8。

表6-8中列（1）显示，覆盖广度对乡村振兴发展的影响无法通过显著性检验，说明数字普惠金融覆盖范围的扩大不能显著促进乡村振兴发展水平，其原因可能在于：一方面，数字普惠金融账户的开通意味着金融服务的可触达性提高，但用户只是具备了享受现代金融服务的基本条件，无法真正反映其接受金融服务的程度和从中获得的收益；另一方面，"数字鸿沟"问题愈加突出，使得农村居民相较于城镇居民更难获得数字普惠金融发展带来的经济机会，影响了数字普惠金融覆盖广度对乡村振兴促进作

用的有效发挥。

列（2）显示，使用深度对乡村振兴的回归系数为 0.0007，且在 1% 的统计水平上显著，说明数字普惠金融使用深度每提高 1 个百分点，能显著推动乡村振兴水平提高 0.0007 个单位。随着金融产品和金融服务的多样化，农户和涉农企业多方位的金融需求得以满足，显著提高了金融资源的使用效率，使农户和涉农企业从数字普惠金融中受益，进而提升乡村振兴发展水平。

列（3）显示，数字化程度对乡村振兴具有显著正向影响。具体的回归系数为 0.0003，且通过了 1% 的显著性检验，说明数字化程度越高，数字普惠金融对乡村振兴的正向促进作用就越大。普惠金融服务的数字化水平越高，越能降低普惠金融服务的门槛和成本，帮助农户和农村获得便捷的现代金融服务，助力乡村振兴的发展。

表 6-8　数字普惠金融维度异质性检验

变量	RURALD		
	(1)	(2)	(3)
BREADTH	-0.0001 (-0.33)	—	—
DEPTH	—	0.0007*** (3.33)	—
DIGI	—	—	0.0003*** (3.58)
控制变量	控制	控制	控制
时间效应	控制	控制	控制
省域效应	控制	控制	控制
样本数	270	270	270
R^2	0.9786	0.9823	0.9799

注：括号内为 t 统计量，*、**、*** 分别表示 10%、5%、1% 显著性水平。

6.3.4 不同数字普惠金融业务对乡村振兴的影响检验

我国数字普惠金融的业务类型越来越多样化，除了传统的信贷业务外，还包括支付业务、保险业务、货币基金业务、投资业务和信用业务，这些业务可能对乡村振兴发挥不同的作用，因此，本章进一步检验不同类型的数字普惠金融业务对乡村振兴的异质性影响，具体结果见表6-9。

表6-9　数字普惠金融业务类型异质性检验

变量	(1)	(2)	(3)	(4)	(5)	(6)
PAYMENT	0.0002** (2.12)	—	—	—	—	—
INSURANCE	—	0.0002*** (2.66)	—	—	—	—
MNOETARY	—	—	-0.0002 (-1.57)	—	—	—
INVESTMENT	—	—	—	0.0003*** (5.21)	—	—
CREDIT	—	—	—	—	0.0005* (1.95)	—
CREDIT INVESTIGATION	—	—	—	—	—	0.0002* (1.98)
控制变量	控制	控制	控制	控制	控制	控制
时间效应	控制	控制	控制	控制	控制	控制
省域效应	控制	控制	控制	控制	控制	控制
样本数	270	270	180	180	270	120
R^2	0.9788	0.9804	0.9947	0.9963	0.9796	0.9963

注：括号内为t统计量，*、**、***分别表示10%、5%、1%显著性水平。

从表6-9可以看出，货币基金业务对乡村振兴无显著影响，其他普惠金融业务类型均对乡村振兴发挥着正向促进作用，且都在1%或5%的统计水平上显著。具体来看，信贷业务对乡村振兴的促进作用最大，回归系数为0.0005，其次为投资业务，回归系数为0.0003，支付业务、保险业务和信用业务的回归系数均为0.0002。总之，数字普惠金融通过多元化的金融服务促进了乡村振兴发展。具体来说，信贷业务增加了农村地区的资金供给，缓解了融资约束问题，投资业务有助于农村地区资金和资产的优化配置，提高了资金和资产的使用效率，支付业务提高了交易的便利程度，加快了交易的完成速度，促进了消费增长，保险业务提高了农户抵御风险的能力，在一定程度上减轻了农户的后顾之忧，信用业务给金融机构带来更精准的信息，使农户和农村可以更容易获得金融服务。货币基金业务对乡村振兴的影响不显著，原因可能是货币基金业务近年来回报率下降，其他理财产品兴起，农户对货币基金业务的使用频率下降，从而难以发挥对乡村振兴的促进作用。

6.4　稳健性检验

为了增强前面实证结果的可靠性，本章从以下几个方面进行了稳健性检验，检验结果见表6-10。

表6-10　　数字普惠金融对乡村振兴发展的影响：稳健性检验

变量	RURALD	RULALD	RULALD
	(1)	(2)	(3)
DIFI	0.0016*** (2.13)	—	0.0016** (2.60)

续表

变量	RURALD	RULALD	RULALD
	(1)	(2)	(3)
L. DIFI	—	0.0007*** (1.97)	—
OPEN	-0.0011*** (-3.75)	-0.0098*** (-3.353)	-0.0017*** (-3.33)
OLD	0.0033* (1.82)	0.0021 (1.48)	0.0058* (1.95)
FD	-0.0640 (-0.65)	0.0458 (0.66)	-0.1720 (-1.34)
ECON	0.0475 (1.42)	0.0815*** (3.90)	0.0398 (1.34)
IS	-0.0019** (-2.24)	-0.0015** (-2.00)	-0.0026* (-1.95)
AGR	0.0044*** (2.97)	0.0027*** (2.94)	0.0053*** (2.72)
FC	-0.0046 (-0.51)	0.0054 (0.72)	-0.0104 (-0.99)
Constant	-0.3528*** (-2.31)	0.1593 (1.22)	0.5980*** (3.60)
WaldF	20.191	—	—
时间效应	控制	控制	控制
省域效应	控制	控制	控制
样本数	270	270	240
R^2	0.4584	0.9886	0.9630

注：WaldF 检验的临界值为 16.38（10%水平）、8.96（15%水平）、6.66（20%水平）、5.33（25%水平）。

其一，在数字普惠金融对乡村振兴发展影响的基准回归中，逐一加入乡村振兴的影响因素，发现系数的方向没有变化，也能通过相应的显著性检验。

其二，为消除内生性影响，本章借鉴李牧辰等（2020）的做法进行工具变量检验。本章将各省区市与北京（首都）的球面距离与相应的数字普惠金融指数相乘，以乘积作为工具变量，进行两阶段最小二乘法（2SLS）估计，同样在回归模型中加入了控制变量，并对省域和年份进行了固定效应控制，回归结果见表6－10中的列（1）。结果发现，WaldF的值为20.191，通过了10%的弱工具变量的检验，再看数字普惠金融的回归系数为0.0016，在1%的统计水平上仍然显著。可见，使用工具变量控制内生性后，数字普惠金融依然对乡村振兴水平发挥显著的促进作用。

其三，考虑到滞后性和可能存在的双向因果关系，本章用数字普惠金融指数的一期滞后项替换当期指数进行实证检验，结果见表6－10的列（2）。如果存在双向因果关系，则可能不仅仅数字普惠金融推动了乡村振兴，乡村振兴也可能对数字普惠金融发展产生影响。结果发现，滞后一期数字普惠金融的回归系数为0.0007，且通过了显著性检验，结果依然支持数字普惠金融对乡村振兴的促进作用。

其四，本章采用TOPSIS方法重新计算乡村振兴发展指数进行再次验证。在构建乡村振兴发展指数时，采用了熵值法赋值的方式，但是个别指标的离散程度较大，容易造成指数权重偏误的问题。因此，本章重新计算了乡村振兴指数，重新验证数字普惠金融对乡村振兴的影响，结果见表6－10的列（3），回归系数为0.0016，并通过了1%的显著性检验，结果与原有结论一致。

其五，对于乡村振兴发展指数权重偏误问题，当用于构建乡村振兴发展指数的个别基础指标的数值离散程度较大时，可能会造成指数权重的偏误，因此，在熵权法赋值的基础上，采用TOPSIS的方法重新计算了乡村振兴发展指数，再次检验数字普惠金融与乡村振兴发展的关系，结果见表6－10中的列（3），回归系数为0.0016，仍然在1%统计水平上显著，结果与原有结论依然一致。

6.5 本章小结

本章运用2011～2021年省域面板数据，采用固定效应模型、GMM模型验证数字普惠金融发展对乡村振兴的总体影响，发现数字普惠金融对乡村振兴发展都具有显著的正向促进作用。经过多种稳健性检验，这种正向促进作用依然成立。进一步，本章采用门槛模型，验证两者间是否具有非线性门槛效应，发现随着城镇化率的提高，数字普惠金融发展对乡村振兴水平的影响存在单一门槛效应，门槛值为0.8853，即当城镇化率低于0.8853时，数字普惠金融发展对乡村振兴水平的影响系数显著为0.305，但当城镇化率高于0.8853时，影响系数降低为0.071。

本章还进一步验证了数字普惠金融三大维度、六大业务对乡村振兴发展的影响，结果发现，数字普惠金融的使用深度和数字化程度对乡村振兴发展有显著的促进效应，数字普惠金融服务中除了货币基金业务外，支付业务、保险业务、投资业务、信贷业务和信用业务均对乡村振兴发展产生了积极的正向影响。

数字普惠金融
助力乡村振兴
影响研究
Chapter 7

第7章　数字普惠金融对乡村振兴的影响路径

第6章我们验证了数字普惠金融能够显著提升乡村振兴水平，那么本章将在此基础上，验证数字普惠金融促进乡村振兴的影响路径。

7.1　理论分析与研究假设

数字普惠金融的发展能够为农村地区提供创业机会，降低创业成本，减轻创业风险，从而推动农村的创业活动。

首先，数字普惠金融给农村创业者带来了创业机会。农业创业者一般缺乏可供抵押的资产，因而被传统金融体系排除在外，难以获得创业资金，而数字普惠金融能够对创业者的行为数据进行筛选、评估和预测，为信用较好的农业创业者提供资金，支持其进行创业活动。互联网技术也改变了传统商业模式，农村淘宝直播、产地直销等线上线下相结合的新型业务快速发展，带来了新的创业机会。与此同时，数字普惠金融盘活了更多的闲散资金，降低了创业融资的门槛，为农村创业者提供了必要的资金支持。

其次，数字普惠金融降低了金融服务成本，从而为农村创业者降低了创业成本。近年来，农村地区的基础设施得以改善，互联网和移动平台越来越普及，大幅降低了金融服务的搜寻成本、交易成本和评估成本，并以较低的利率向农村创业者提供资金，缓解了他们的融资约束。

最后，数字普惠金融为农村创业者提供了多样化的金融产品和金融服务，包括数字化保险，显著降低了创业风险。众所周知，保险具有风险分散的功能，借助于数字化技术，扩大了传统保险业务的覆盖范围和单位成本，从而增强了农村创业活动的风险抵御能力。同时，借助于大数据平台，企业信用信息更加透明，信息不对称程度显著降低，农村创业者更易于获得创业融资，创业风险进一步降低。

综上所述，数字普惠金融通过增加创业机会、降低创业成本和风险，激发了农村地区的创业活力，从而创造出更多的就业机会，提高农户的收入水平，刺激农村消费，进而推动乡村振兴的发展。基于以上分析，本书提出以下假设：

H7 -1：数字普惠金融通过提升农村创业活力推动乡村振兴发展。

数字普惠金融促进农村地区的创新研发投入，提高农业现代化水平，推动乡村振兴发展。

首先，数字普惠金融降低了创新项目的信息不对称程度，利用数字化手段为创新项目快速并低成本地匹配到合适的资金，有利于提高资金的使用效率，大大提高了农村创新活动成功的概率，带来区域技术创新的外溢效应，推动乡村振兴。

其次，数字普惠金融提高了农村地区的人力资本水平，有效促进了创新活动。众所周知，人力资本水平对于创新活动至关重要，而教育是提升人力资本水平的根本途径。随着农村经济的发展，教育受到前所未有的重视，而数字普惠金融又向农村地区提供了资金上的支持，因此教育水平显著提升，推动了农村地区的人力资本水平的提高，为农村创新提供了条件，有利于农业的技术进步和产出增加，推动了乡村振兴发展。

最后，数字普惠金融使农村消费者产生了多样化的消费需求，推动了技术创新和变革。创新活动提高了要素生产率，助推农村地区实现产业结构的优化和升级，显著缓解了农户的流动性约束，提高了农村的产出水平，进而推动了乡村振兴发展。

总之，数字普惠金融增加了创新要素的供给水平，促进了外部市场的多样化需求，增加了农村地区的创新研发投入，助力乡村振兴目标。基于前述分析，提出以下研究假设：

H7 -2：数字普惠金融通过提升创新研发投入推动乡村振兴发展。

7.2 研究设计

7.2.1 样本和数据来源

本章选取有关中介机制检验的数据和样本来源同基准回归检验，数据来源于国泰安数据库（CSMAR）和国家统计局网站，部分指标通过来源数据整理并计算得到，样本设定区间同样为2011~2021年。

7.2.2 模型设定

进一步，为了验证数字普惠金融助力乡村振兴的路径，本章根据温忠麟等（2004）的因果逐步回归法，验证农村创业活力和创新研发投入是否发挥中介效应，设定模型如下。

$$RURALED_{i,t} = a_0 + a_1 DIFI_{i,t} + \sum CTRL_{i,t} + \delta_i + \theta_t + \varepsilon_{i,t} \quad (7-1)$$

$$MV_{i,t} = b_0 + b_1 DIFI_{i,t} + \sum CTRL_{i,t} + \delta_i + \theta_t + \varepsilon_{i,t} \quad (7-2)$$

$$RURALD_{i,t} = c_0 + c_1 DIFI_{i,t} + c_2 MV_{i,t} + \sum CTRL_{i,t} + \delta_i + \theta_t + \varepsilon_{i,t} \quad (7-3)$$

其中，MV为中介变量，如前所述，包括农村创业活力和创新研发投入两个指标。

7.2.3 变量设定

对于基准回归中用到的解释变量仍为数字普惠金融指数

（DIFI），被解释变量仍为乡村振兴指数（RURALD），控制变量同样包括开放程度、老年人抚养比、财政分权程度、产业结构、经济集聚度、财政农林支持度、金融发展水平，本部分不再赘述。

本章和第6章相比，需要重新设定中介变量——农村创业活力（ENTR）和创新研发投入（INN）。对于农村创业活力，本章参照赵涛等（2020）的研究，以乡村就业（包括私营和个体）人数占全部农村人口的比重作为衡量指标。对于创新研发投入的衡量，本章参照马亚明等（2022）的做法，以省域人均研发投入作为具体的衡量指标。本章的变量设定见表7－1。

表7－1　变量设定

变量	变量含义	测量方法
被解释变量	乡村振兴发展指数（RURALD）	根据构建的指标体系计算得到
解释变量	数字普惠金融指数（DIFI）	数字普惠金融指数
中介变量	农村创业活力（ENTR）	乡村私营和个体就业人数之和/农村人口×100
	创新研发投入（INN）	省域人均研发经费投入
控制变量	开放程度 OPEN	按汇率折算的进出口总额/GDP 总额×100
	老年人抚养比 OLD	需抚养老年人人数/劳动人口×100
	财政分权程度 FD	地方人均财政支出/（地方人均财政支出＋中央财政人均支出）
	产业结构 ECON	第二产业增加值/GDP×100
	经济集聚度 IS	Ln（GDP 总额/地区行政面积）
	财政农林业支持度 AGR	财政农林业/财政支出总额×100
	金融发展水平 FC	金融机构存贷款之和/GDP

7.3　实证检验和结果分析

7.3.1　中介效应检验

常见中介效应的检验方法包括因果逐步回归检验法、系数乘积法、改良后的因果逐步回归法，其中，本章通过因果逐步回归法进行验证。如前假设提出部分，本章基于农村创业活力和创新研发投入两个角度验证数字普惠金融助力乡村振兴的传导机制。鉴于 Bootstrap 抽样法能够得到更为精确和可信的间接效应置信区间，因而在验证中介效应更为学术界认可，因此本章使用该方法重复抽样 3000 次，置信区间设定为 95%。如果回归系数显著，且置信区间不包含零，则中介效应成立。因果逐步回归法的检验结果见表 7-2，Bootstrap 抽样法的检验结果见表 7-3。

表 7-2　　传导机制检验：因果逐步回归法

PanelA	RURALD	ENTR	RURALD
	(1)	(2)	(3)
DIFI	0.0012*** (5.65)	0.0045*** (4.56)	0.0007** (3.61)
ENTR	—	—	0.1168*** (9.61)
控制变量	控制	控制	控制
时间效应	控制	控制	控制
省域效应	控制	控制	控制
样本数	270	270	270
R^2	0.9713	0.9641	0.9868

续表

PanelA	RURALD	ENTR	RURALD
	(1)	(2)	(3)
Sobel 检验的 P 值	0.0000		
PanelB	RURALD	INN	RURALD
	(1)	(2)	(3)
DIFI	0.0012 *** (5.65)	0.0019 *** (6.41)	0.0008 ** (3.53)
INN	—	—	0.2219 *** (4.87)
控制变量	控制	控制	控制
时间效应	控制	控制	控制
省域效应	控制	控制	控制
样本数	270	270	270
R^2	0.9813	0.9776	0.9831
Sobel 检验的 P 值	0.0001		

注：括号内为 t 统计量，*、**、*** 分别表示 10%、5%、1% 显著性水平。

表 7-3　　　　传导机制检验：Bootstrap 抽样法

效应	ENTR		INN	
	系数	置信区间	系数	置信区间
	(1)	(2)	(3)	(4)
间接效应	0.0005 ** (2.18)	[0, 00012, 0.00106]	0.0004 ** (2.80)	[0.00017, 0.00078]
直接效应	0.0007 *** (2.50)	[0.00024, 0.00128]	0.0008 ** (2.15)	[0.00013, 0.00149]

注：括号内为 t 统计量，*、**、*** 分别表示 10%、5%、1% 显著性水平。

在表 7-2 的 Panel A 中，列（1）数字普惠金融的回归系数为 0.0012，且通过了 1% 的显著性检验，再次验证了数字普惠金融显著促进了乡村振兴；列（2）数字普惠金融的回归系数为0.0045，在1%水平上显著，说明数字普惠金融显著提高了农村创业活力；列（3）引入了农村创业活力这一中介指标，数字普惠金融和农村创业活力的回归系数分别是0.0007和0.1168，且均在1%统计水平上显著，但数字普惠金融的回归系数相比列（1）的0.0012有所降低。可见，数字普惠金融通过提升农村创业活力，助推乡村振兴发展，农村创业活力发挥中介效应，支持了本章的假设H7－1。Panel B验证了农村创新研发投入的中介效应，列（1）显示数字普惠金融对乡村振兴的回归系数为0.0012；列（2）显示创新研发投入的回归系数为0.0019；列（3）加入中介变量后验证数字普惠金融对乡村振兴的影响，数字普惠金融和创新研发投入的回归系数分别为0.0008和0.2219，均在1%水平上显著，说明数字普惠金融通过增加农村创新研发投入推动了乡村振兴发展，该实证结果支持了假设H7－2。

表7－3显示了Bootstrap抽样法的中介效应检验结果。列（1）显示了农村创业活力这一间接效应的回归系数为0.0005，通过了5%的显著性检验；列（2）显示了置信区间，不包含0，说明农村创业活力在数字普惠金融和乡村振兴之间发挥中介效应，再次验证了H7－1；列（3）显示了农村创新研发投入这一间接效应的回归系数为0.0004，通过了5%的显著性检验；列（4）说明置信区间不包括0，说明创新研发投入在数字普惠金融和乡村振兴之间发挥中介效应，再次验证了本章的H7－2。

7.3.2　异质性检验

外部环境会影响数字普惠金融对乡村振兴的影响，使其表现出一定的差异性。本部分将从市场化水平、农村人力资本水平和区域划分三个方面进行异质性检验，检验结果如表7－4所示。

表 7-4　市场化水平和农村人力资本水平异质性检验

变量	高市场化水平	低市场化水平	高人力资本水平	低人力资本水平	东部地区	中部地区	西部地区
	(1)	(2)	(3)	(4)	(5)	(6)	(7)
DIFI	0.0025*** (3.81)	0.0003* (1.86)	0.0012*** (2.87)	0.0004* (2.16)	0.0337** (2.48)	0.0442*** (3.14)	0.0404* (1.97)
控制变量	控制	控制	控制	控制	控制	控制	控制
时间效应	控制	控制	控制	控制	控制	控制	控制
省域效应	控制	控制	控制	控制	控制	控制	控制
样本数	151	151	151	151	151	151	151
R^2	0.9852	0.9728	0.9696	0.9955	0.9926	0.9878	0.9905

注：括号内为 t 统计量，*、**、*** 分别表示 10%、5%、1% 显著性水平。

7.3.2.1　市场化水平异质性分析

数字普惠金融对乡村振兴的影响效果与所处的市场环境存在密切联系。如果当地的市场化水平较高，意味着信息披露更为完善，信息透明度更高，监管要求更为严格，知识产权保护手段更为有效，金融资源优化配置效率更高，因此能够创造良好的创新创业氛围，助推乡村振兴发展。因此，本章首先从市场化水平这一角度，验证数字普惠金融对乡村振兴的异质性影响。

本章参照以往学者的做法，选择王小鲁等（2019）在《中国分省份市场化指数报告（2018）》中编制的市场化总指数来衡量各省区市的市场化水平，但该指数只更新到了 2016 年，因此本章借鉴马亚明等（2022）的做法，以历年市场化指数的平均增长速度作为基础，计算得出 2017～2020 年各地区的市场化总指数，并基于这一指数的中位数，将各省区市分为两组——高市场化水平组和低市场化水平组，进行分别回归，回归结果见表 7-4 的列

(1) 和列 (2)。

可见，高市场化水平组中数字普惠金融的回归系数为0.0025，且在1%的统计水平上显著，而在低市场化水平组中数字普惠金融的回归系数只有0.0003，且只通过了10%的显著性检验，说明市场化水平越高的地区，数字普惠金融对乡村振兴的促进效应越明显。究其原因，可能是当地市场化水平较低时，技术创新会受到限制，阻碍数字普惠金融的发展和推广，削弱了数字普惠金融跨地区为农户和农业提供资金支持的作用，不利于乡村振兴的发展。

7.3.2.2　农村人力资本水平异质性分析

当今社会，推动地区经济发展最重要的推动力是人力资本，日新月异的新技术发展需要高素质的人力资本。人力资本水平越高的地区，消费者的金融素质越高，越易于接受新的金融产品和金融服务，越能够跨越“数字鸿沟”，从而越有效地发挥数字普惠金融对乡村振兴的促进作用。因此，本章将在此验证数字普惠金融对乡村振兴的推动作用是否因人力资本水平不同而表现出明显差异。

本章参考以往学者的研究，选择15岁以上文盲占比作为人力资本水平的衡量指标，并根据中位数将所有样本分为高水平人力资本组和低水平人力资本组两个小组，实证结果见表7-4的列(3) 和列 (4)。可见，在高水平人力资本组中，数字普惠金融对乡村振兴的回归系数为0.0012，并通过了1%的显著性检验；在低水平人力资本组中，回归系数仅为0.0004，仅通过了10%的显著性检验。这说明，人力资本水平越高，数字普惠金融对乡村振兴的促进作用就越明显。究其原因，居民的受教育程度越高，人力资本水平越高，学习能力就越强，越能接受新兴技术和新金融产品，并在信息获取、信息甄别和信息利用等方面具有得天独厚的优势，因而有助于发挥数字普惠金融对乡村振兴的促进作用。

也正因为如此，教育受到了政府前所未有的重视。

7.3.2.3 不同区域的异质性分析

众所周知，我国地域辽阔，各个区域的经济发展水平存在很大差异，也导致了数字普惠金融对乡村振兴的影响呈现出较差的差异。按照国家统计局的划分，东部地区包括河北、北京、天津、山东、江苏、上海、浙江、福建、广东、海南、辽宁共 11 个省市，中部地区包括山西、安徽、江西、河南、湖北、湖南、黑龙江和吉林共 8 个省，西部地区包括内蒙古、广西、重庆、四川、贵州、云南、西藏、陕西、甘肃、青海、宁夏和新疆 12 个省区市。区域异质性的检验结果见表 7－4 的列（5）、列（6）和列（7）。

由此可见，在各个地区，数字普惠金融对乡村振兴的回归系数皆为正，并且通过了 5% 水平的显著性检验，说明数字普惠金融对乡村振兴有正向促进作用，与前面研究结论相符。再看回归系数的大小，结果显示，中部地区最大（0.0442），西部次之（0.0404）、东部最小（0.0337），由此可见数字普惠金融发展对中部地区乡村振兴水平提升效果最佳。究其原因可能是，东部地区由于较为发达，其乡村振兴水平、数字普惠金融发展程度都比较高，当地可能早些时候就利用数字普惠金融技术助力过乡村地区发展，而中、西部地区发展水平相对较低，因而数字金融技术渗透乡村地区的速度相对来说会缓慢一些，在本章的样本选取期间正好是黄金时期。

7.4 本章小结

为了验证数字普惠金融促进乡村振兴的作用机制和具体路径，本章采用因果逐步回归法进行中介效应检验，发现农村创业活力和创新研发投入发挥中介效用，也就是说，数字普惠金融能够通过激发农村创业活力，提升创新研发投入，推动乡村振兴发展。

鉴于我国各省区市市场化水平、人力资本水平和经济发展水平存在较大差距，本章进一步从市场化水平、农村人力资本水平和区域划分三个方面进行异质性检验。研究发现，地区市场环境越好、农村人力资本水平越高，数字普惠金融对乡村振兴的促进效应越大；数字普惠金融发展对中部地区乡村振兴水平提升效果最佳，其次为西部地区，最差的是东部地区。

第8章　结论和建议

8.1 研究结论

本书在金融中介理论、普惠金融理论和可持续发展理论的基础上，分析了我国数字普惠金融开展情况和乡村振兴推进情况，运用2011~2021年省级面板数据，采用固定效应模型、GMM模型、门槛效应模型和中介效应模型实证检验数字普惠金融对乡村振兴的影响及其机制，得到以下结论。

第一，我国政府高度重视数字普惠金融的发展，出台了一系列相关鼓励性和规范性政策，在这些政策带动下，我国数字普惠金融的发展进程日益加快，目前已进入成熟化阶段，数字普惠金融指数保持持续上升的势头，且区域差异性正在不断缩小。然而，我国数字普惠金融也存在明显问题，具体表现在：法律法规相对滞后，数据安全问题突出；数字普惠金融参与主体素养有待提高；监管体系不健全，缺乏有针对性的监管措施；征信体系不完善，“数据孤岛”的现象较为严重；金融欺诈频发，用户信息安全受到潜在威胁；我国（特别是农村地区）数字化水平较低，数字鸿沟亟待解决等方面。

第二，随着脱贫攻坚的全面完成，我国将工作重心放到了推动和实施乡村振兴战略中来，出台了一系列鼓励性政策和文件。乡村振兴取得了很多成果，粮食实现了连年丰收，农民收入持续提高，产业发展亮点突出，农业资源保育能力稳步增强。然而，我国乡村振兴依然存在一些问题，主要表现在以下方面：乡村产业发展动能不足，资金投入缺口较大；美丽乡村建设质量不高，生态环境脆弱；农民的精神文化生活明显滞后，乡村文化发展受到一定冲击；城乡融合阻力重重，城乡二元体制依然存在。

第三，本书依据乡村振兴发展的内容，构建了“产业兴旺、生态宜居、乡风文明、治理有效、生活富裕”五个维度、24个基础评价指标的测度体系，采用熵值法构造各具体指标的权重，计算出2011～2021年各省区市的乡村振兴发展指数。结果发现，东部、中部及西部地区的乡村振兴指数都呈现出较强的上升趋势，且依次降低，与我国数字普惠金融的态势相同。

第四，数字普惠金融对乡村振兴发展都具有显著的正向促进作用，经过多重稳健性检验，这种正向促进作用依然成立。进一步采用门槛检验发现，数字普惠金融和乡村振兴之间的关系具有非线性的特点，存在单一门槛效应，门槛值为0.8853，即当城镇化率低于0.8853时，数字普惠金融发展对乡村振兴水平的影响系数显著为0.305；但当城镇化率高于0.8853时，影响系数降低为0.071。

第五，不同维度、不同业务的数字普惠金融指数对乡村振兴发展具有不同的影响。三大维度中，数字普惠金融的使用深度和数字化程度对乡村振兴具有显著的促进作用；六大业务中，除了货币基金业务外，支付业务、保险业务、投资业务、信贷业务和信用业务均对乡村振兴发展产生了积极的影响。

第六，本书采用因果逐步回归法验证数字普惠金融助力乡村振兴的作用机制和具体路径，研究发现农村创业活力和创新研发投入发挥中介效用，即数字普惠金融发展有利于激发农村地区的创业活力，提高创新研发投入，从而助力乡村振兴目标的实现。

第七，本书从市场化水平、农村人力资本水平和区域划分三个方面进行异质性检验，研究发现，地区市场环境越好、农村人力资本水平越高，数字普惠金融对乡村振兴的促进效应越大；数字普惠金融发展对中部地区乡村振兴水平提升效果最佳，其次为西部地区，最差的是东部地区。

本书的创新性主要体现在以下几个方面：一是从数字普惠金

融的视角分析其对乡村振兴的影响及其影响机制，深化了对数字普惠金融包容性、普惠性特质的认识，发展了乡村振兴影响因素的现有研究，拓展了对数字普惠金融经济后果的现有研究；二是基于创业和创新的双创视角研究了数字普惠金融对乡村振兴的影响机制和作用路径，并进行实证检验，使得数字普惠金融对乡村振兴的影响不再处于“黑匣子”中；三是从多个视角探究数字普惠金融对乡村振兴的异质性影响，具体包括人力资本水平差异、市场化水平差异和区域划分差异，这也为我国后续发展数字普惠金融、实施乡村振兴战略，提供了经验证据，为政策制定者提供了现实参考。

8.2 政策建议

基于本书的理论分析和实证研究结果，提出以下政策建议。

8.2.1 完善农村地区数字普惠金融基础设施

良好的金融基础设施是金融业良性发展的保障条件，也是保证数字普惠金融服务能够在农村地区落地生根的基础。完善的金融基础设施能够为数字普惠金融普惠性优势的发挥提供适宜的环境，提高乡村振兴的功能和效率。

首先，完善互联网基础设施。数字普惠金融服务的开展离不开数字化和互联网的推广，因此应当加强农村地区通信基础设施的建设和完善，使互联网和移动网络在农村和农民中得到普及，鼓励联通、移动、电信等网络运营商增加网络信号基站数量和质量，以保证互联网网速正常的传输及使用，为数字普惠金融服务的开展奠定良好的基础。

其次，金融机构应大力发展普惠金融业务，在农村地区设立数字金融服务站或服务中心，研发新的金融技术，并根据农村居民需求创新出适合他们的金融产品和金融服务。

最后，需要加大各部门之间的联动力度，政府要加大转移支付力度，积极统筹部署，会同网络运营商、金融机构等各部门，按照城乡融合发展要求，大力提升数字基础设施建设水平，助力乡村振兴水平的提升。

8.2.2 加速数字普惠金融在区域之间的协同发展步伐

一方面，采取地区差异化政策。由于我国幅员辽阔，各地经济发展水平存在较大差异，数字普惠金融服务水平和乡村振兴发展程度也有较大差异，因此不同地区政策要有差异性。例如，东部地区数字化水平发展较为成熟，已形成一套相对成熟的数字普惠金融体系，在助力乡村振兴方面也积累了一些具体模式，不需要政府过多干预。而中西部地区则缺少可行的模式，需要政府出台相关政策及具体措施，帮助数字普惠金融的开展和乡村振兴的推进，特别是要制定针对性和差异性相结合的专项政策，优化金融资源配置，鼓励金融机构向相对落后的中西部农村地区注入更多的金融资源，提供更多的金融服务，使数字普惠金融更好地惠及全体居民，充分体现其普惠包容性的特征。

另一方面，加强区域间的沟通交流和合作学习，促进数字普惠金融的区域协同发展。各地区之间要强化信息、技术、人才和农业产业等方面的交流，如东部发达地区要发挥数字普惠金融的辐射和带动作用，西部地区可以派驻专业人士去东部发达地区学习其相关实践经验和管理方式等，从而更有针对性地推动乡村振兴战略目标的实现。

8.2.3　提高数字普惠金融的覆盖广度、使用深度、数字化水平

第一，持续拓宽数字普惠金融在农村地区的覆盖广度和使用深度，更好地发挥普惠性的特点，引导金融资源流向农户手中，以不发生返贫为底线，促进农户收入水平的提高。

第二，创新数字普惠金融产品，设计出真正适合农村居民的金融产品。面向农村和农民的金融产品应具有操作简单且风险较低的特点，才能在农村地区采用并推广。

第三，提高数字普惠金融的使用深度，金融服务应包括支付、保险、投融资、货币基金等多个方面。在金融支付方面，鼓励农村居民多使用线上终端及各种 App 支付，培养他们使用数字金融产品的习惯；在数字贷款产品方面，鼓励金融机构设计适合农户特质的信贷产品，有效满足农户信贷需求；在投融资服务方面，建议金融机构根据适当性原则，按农户收入水平划分风险等级，多在农户较为关心的低风险性和普惠性上下功夫，多注重灵活性；在保险方面，引导和鼓励保险公司面向农村农业创新险种，发挥其风险分担作用，同时拓宽保险理财产品购买途径，拓宽农民理财渠道。

第四，推动数字技术在农村的普及和应用，建立农村数字普惠金融平台，使农户能够更为便利地获取金融服务。国家应加大在农村的资金投入，持续拓宽区块链、云计算等数字网络技术的应用范围，设法将农村及农户的衣食住行、教育等日常生活场景与数字金融有机结合，使人们能切实享受到数字普惠金融带来的便利。

8.2.4　宣传数字普惠金融知识，提升农村居民的人力资本水平

数字普惠金融的推广需要人们具备较高的金融素养，但目前

农民的金融知识相对较少，容易产生数字鸿沟。因此，在农村地区加强数字普惠金融知识宣传，提升农村地区人力资本水平十分必要。

首先，金融机构要加强宣传普惠金融知识，定期开展风险防范培训。具体可通过开展线上讲座、线下发放宣传单等方式，向农村居民宣传金融知识特别是数字普惠金融知识，使农户了解和熟悉数字化金融业务和产品，并了解风险防范的常用方式和手段，帮助其跨越数字鸿沟。与此同时，农户的信用意识和风险意识也得以提升，农村金融需求可以得到有效满足。

其次，政府部门要加大农村地区教育经费及人力物力的投入力度。一方面，要优化农村教育资源配置，加大农村教育经费及人力资源的投入力度，如多为学校置办智能化教学设备，购买电子图书丰富图书资源，制定一系列人才引进措施以吸引高质量教师流入；另一方面，为从源头上提升农村居民的金融素养，应鼓励学校将金融课程纳入义务教育范畴，及早培养其风险防范意识，培养本土数字金融人才。

再次，各村镇基层组织也应积极加入宣传队伍中来，担任农村数字普惠金融专职宣传员的角色，发挥乡村广播和村干部的宣传作用，并对农户及农业经营者进行数字普惠金融知识和操作技能培训，以消除他们的操作障碍，使其尽快接纳并熟悉数字普惠金融，加快农村数字普惠金融化进程。

最后，要分类施策，根据农户的实际情况进行差异化的金融培训。例如，农户和农业生产者关注如何在生产和劳作中规避风雪、冰雹等自然灾害，因此可更多地向他们宣传农业保险和农业信贷方面的知识，而农村小微企业和电商关注如何获得短期资金，因而可更多地向他们普及融资方式等方面的金融知识。因此，要在提高农村居民金融素养的基础上，运用数字化金融手段，进行精准宣传、精准防范并精准施策，加快乡村振兴目标的实现。

8.2.5 完善农村征信体系，加强数字普惠金融风险监管

目前，农村地区的征信体系还不够完善，无法为数字普惠金融在农村地区营造良好的金融生态环境，因此需要持续完善征信体系，具体应从以下几个方面采取措施：首先，涉农数据的采集标准要统一，采集口径要规范，建立全面的农村信用数据库，从而便于信用信息的使用和共享，各相关部门要相互配合形成联动，互通有无，解决数字普惠金融发展过程中的信用信息不对称问题；其次，政府要大力支持农村征信业协会发展，鼓励其在农村开展业务，对其提供一定政策优惠及补助措施，以此推动征信行业在农村地区的规范发展；最后，规范信用信息使用范围，规范隐私信息界定标准，防止农户及农业经营者相关个人信息泄露进而给其带来困扰甚至造成经济损失。

如今，农村地区未建立起激励相容的数字普惠金融监管长效机制，无法平衡金融风险与乡村振兴之间的关系，因此要借助于数字化手段进行数字普惠金融服务风险监管，具体可采取以下措施：首先，规范农村地区数字普惠金融发展，制定相关法律法规，使数字普惠金融发展有法可依，为金融监管部门监督执法提供法律依据，为金融机构开展农业金融服务提供规范标准；其次，建立风险排查机制，加强金融机构进入农村金融市场的资质监管，防止一些非法互联网金融机构打着普惠金融的幌子行金融诈骗之实，进而从源头降低金融风险发生的可能性；最后，成立专门的数字普惠金融投申诉平台，充分保障农民在使用数字普惠金融过程中的合法权益，使农民的各项反馈意见皆能得上达，为农村数字普惠金融的长期健康发展营造良好环境，进而尽快实现乡村振兴的宏伟目标。

8.2.6 激发农村创业活力，提升创新研发投入

本书实证检验发现，农村创业和创新投入是数字普惠金融助力乡村振兴的作用路径，因此，要更好地发挥数字普惠金融对乡村振兴的促进作用，要在双创方面多下功夫。

一方面，激发农村创业活力，各地要定期召开全民创业工作部署会，推出鼓励农户创业的相关文件并协调推进，丰富农民的创业形式，搭建线上创业载体，特别是要激发夜间消费活力，形成创业信息库，实现创业资源共享、合作共赢，推动乡村振兴水平的提升。

另一方面，提高涉农企业的创新研发投入。持续加大省级农业科技研发投入强度，鼓励农业领域创新主体积极申报省重点研发计划，符合条件的省财政将按规定给予单个项目不同金额的补助。鼓励企业加大农业科技投入，引导金融资本、社会资本进入农业科技创新领域，支持企业牵头组建产学研协同的创新联合体。

8.3 研究不足和展望

由于本人知识能力有限，本书尚存在以下不足，将在今后研究中进行持续完善。

一是在指标体系构建方面。由于现阶段关于乡村振兴指标体系的构建方法和指标权重确定标准方面学者们做法各不相同，未形成统一的标准，本书在借鉴其他学者的基础上设计了指标体系并采用熵值法确定权重，计算得出各省区市的乡村振兴指数。但具体指标选取上因数据可得性和可操作性限制，可能无法全面反映整体水平，指标类别选取上还有待丰富。

二是本书计算得出了各省区市的乡村振兴指数，但受数据可得性的影响，本书并未具体到各地市甚至各县域，因此本书研究也仅仅停留在省级层面，未能对具体县域的乡村振兴发展水平进行深入研究。

三是数字普惠金融促进乡村振兴的路径多种多样，本书仅从农村创业活力和创新研发投入的“双创”视角进行了研究，可能忽略了其他的影响路径。

参考文献

[1] Allen F. , A. Demirgüc – Kunt, L. Klapper, M. . The Foundations of Financial Inclusion: Understanding Ownership and Use of Formal Accounts [J]. Journal of Financial Intermediation. 2016, 27 (5): 1 –30.

[2] Ahmad M. , Hal S. G. . Economic Growth and Convergence: Do Institutional Proximity and Spillovers Mater? [J]. Journal of Policy Modeling, 2017, 39 (6): 1065 –1085.

[3] Berg T. , Burg V. , Gombovi A. , Puri M. , Karolyi A. . On the Rise of the Fintechs – Credit Scoring Using Digital Footprints [J]. Review of Financial Studies, 2020, 33 (7): 2845 –2897.

[4] Beck T. Levine R. . SMEs, Growth, and Poverty: Cros – country Evidence [J]. Journal of Economic Growth, 2005 (10): 199 –229.

[5] Beck T,, Pamuk H, Ramrattan R. . Payment Instruments, Finance and Development [J]. Journal of Development Economics Volume, 2018 (133): 162 –186.

[6] Gulumser A. , Baycan – Levent T. , Nijkamp P. . Mapping Rurality: Analysis of Rural Structure in Turkey [J]. International Journal of Agricultural Resources, Governance and Ecology, 2009 (8): 130 –157.

[7] Gomber P. , Koch J A. , Siering M. . Digital Finance and

FinTech: Current Research and Future Research Directions [J]. Journal of Business Economics, 2017 (87): 537 - 580.

[8] Haddad C., Hornuf L.. The Emergence of the Global Fintech Market: Economic and Technological Determinants [J]. Small Business Economics, 2019 (1): 81 - 105.

[9] Lauer K., Lyman T.. Digital Financial Inclusion: Implications for Customers, Regulators, Supervisors, and Standard - Setting Bodies [M]. Washington: CGAP, 2015.

[10] Jin D. The Inclusive Finance Have Effects on Alleviating Poverty [J]. Open Journal of Social Sciences, 2017 (3): 233 - 242.

[11] Kawate T. Rural Revitalization and Reform of Rural Organizations in Contemporary Rural Japan [J]. Journal of Rural Problems, 2005 (4): 393 - 402.

[12] Klapper N. An Empirical Analysis of Financial Inclusion across Population Groups in India [J]. IUP Journal of Bank Management, 2012 (1): 97 - 111.

[13] Ozili P K. Impact of Digital Finance on Financial Inclusion and Stability [J]. Borsa Istanbul Review, 2018 (4): 329 - 340.

[14] Plummer P. Tonts M, Argent N. Sustainable Rural Economies, Evolutionary Dynamics and Regional Policy [J]. Applied Geography, 2018 (90): 308 - 320.

[15] Sarma, M. Financial Inclusion and Development [J]. Journal of International Development, 2010 (4): 121 - 136.

[16] Sarma M., Pais J.. Financial Inclusion and Development [J]. Journal of International Development, 2011 (5): 613 - 628.

[17] Speer J. Participatory Governance Reform: a Good Strategy for Increasing Government Responsiveness and Improving Public Serv-

ices? [J]. World Development, 2012 (12): 2379 - 2398.

[18] The World Bank. Global Financial Report 2016: Financial Inclusion [M]. Washington DC. 2017.

[19] Wang C., Kinkyo T. Financial Development and Income Inequality: Long - Run Relationship and Short - Run Heterogeneity [J]. Emerging Markets Finance & Trade, 2016 (3): 733 - 742.

[20] Yu L, Zhao D, Xue Z, et al. Research on the Use of Digital Finance and the Adoption of Green Control Techniques by Family Farms in China [J]. Technology in Society, 2020 (62): 301 - 323.

[21] 蔡文伯，贺薇宇．我国乡村振兴发展水平综合评价研究[J]. 重庆大学学报（社会科学版），2023，29（01）：102 - 116.

[22] 崔惠民，王志豪．数字普惠金融助力乡村振兴的影响机理与空间效应[J]. 合肥工业大学学报（社会科学版），2022，36（03）：1 - 11.

[23] 陈慧卿，陈国生，魏晓博，彭六妍，张星星．数字普惠金融的增收减贫效应——基于省际面板数据的实证分析[J]. 经济地理，2021，41（03）：184 - 191.

[24] 陈宝珍，任金政．数字金融与农户：普惠效果和影响机制[J]. 财贸研究，2020（6）：37 - 47.

[25] 傅秋子，黄益平．数字金融对农村金融需求的异质性影响——来自中国家庭金融调查与北京大学数字普惠金融指数的证据[J]. 金融研究，2018（11）：68 - 84.

[26] 葛和平，钱宇．数字普惠金融服务乡村振兴的影响机理及实证检验[J]. 现代经济探讨，2021（05）：118 - 126.

[27] 郭峰，王靖一，王芳等．测度中国数字普惠金融发展：指数编制与空间特征[J]. 经济学（季刊），2020（4）：1401 - 1418.

[28] 黄益平，黄卓．中国的数字金融发展：现在与未来

[J]. 经济学（季刊），2018（4）：1489－1502.

[29] 胡钰桦. 长江经济带数字普惠金融对乡村振兴的影响研究 [D]. 重庆工商大学，2022.

[30] 胡嘉欣. 数字普惠金融助力乡村振兴的机制及效果研究 [D]. 重庆工商大学，2022.

[31] 胡善成，张彦彦，张云矿. 数字普惠金融、资本错配与地区间收入差距 [J]. 财经科学，2022（05）：1－14.

[32] 陆凤芝，王群勇. 数字普惠金融与金融服务实体经济效率提升 [J]. 南开学报（哲学社会科学版），2022（03）：34－47.

[33] 龙海明，李瑶，吴迪. 数字普惠金融对居民消费的影响研究："数字鸿沟"还是"数字红利"？ [J]. 国际金融研究，2022（05）：3－12

[34] 李建军，彭俞超，马思超. 普惠金融与中国经济发展：多维度内涵与实证分析 [J]. 经济研究，2020，55（04）：37－52.

[35] 黎毅，蒋青松. 数字普惠金融与包容性增长——基于城乡多维差距视角 [J]. 西安财经大学学报，2023（3）：51－62.

[36] 刘丹，方锐，汤颖梅. 数字普惠金融发展对农民非农收入的空间溢出效应 [J]. 金融经济学研究，2019（3）：57－66.

[37] 蒋庆正，李红，刘香甜. 农村数字普惠金融发展水平测度及影响因素研究 [J]. 金融经济学研究，2019，34（04）：123－133.

[38] 康书生，杨娜娜. 数字普惠金融发展促进乡村产业振兴的效应分析 [J]. 金融理论与实践，2022（02）：110－118.

[39] 毛锦凰. 乡村振兴评价指标体系构建方法的改进及其实证研究 [J]. 兰州大学学报（社会科学版），2021，49（03）：47－58.

[40] 马彧菲，杜朝运．普惠金融指数测度及减贫效应研究［J］．经济与管理研究，2017，38（05）：45－53.

[41] 孟维福，李莎，刘婧涵，陈阳．数字普惠金融促进乡村振兴的影响机制研究［J］．经济问题，2023（03）：102－111.

[42] 马亚明，周璐．基于双创视角的数字普惠金融促进乡村振兴路径与机制研究［J］．现代财经，2022（2）：3－20.

[43] 裴晓霞．数字普惠金融发展对乡村振兴水平的影响研究［J］．兰州财经大学，2023.

[44] 彭澎，徐志刚．数字普惠金融能降低农户的脆弱性吗?［J］．经济评论，2021（1）：82－95.

[45] 宋晓玲．数字普惠金融缩小城乡收入差距的实证检验［J］．财经科学，2017（06）：14－25.

[46] 谭燕芝，李云仲，叶程芳．省域数字普惠金融与乡村振兴评价及其耦合协同分析［J］．经济地理，2021，41（12）：187－195，222.

[47] 任碧云，李柳颍．数字普惠金融是否促进农村包容性增长——基于京津冀2114位农村居民调查数据的研究［J］．现代财经（天津财经大学学报），2019（4）：3－14.

[48] 田霖，张园园，张仕杰．数字普惠金融对乡村振兴的动态影响研究——基于系统GMM及门槛效应的检验［J］．重庆大学学报，2022（3）25－367.

[49] 星焱．农村数字普惠金融的“红利”与“鸿沟”［J］．经济学家，2021（2）：102－111.

[50] 张燕，刘福临．互联网金融下农村征信体系的优化与机制构建［J］．宏观经济研究，2018（8）：131－141，175.

[51] 周利，冯大威，易行健．数字普惠金融与城乡收入差距：“数字红利”还是“数字鸿沟”［J］．经济学家，2020（5）：99－108.

[52] 张挺，李闽榕，徐艳梅．乡村振兴评价指标体系构建与实证研究［J］．管理世界，2018（8）：99－105.

[53] 张勋，万广华，张佳佳，何宗樾．数字经济、普惠金融与包容性增长［J］．经济研究，2019（8）：71－86.

[54] 张勋，万广华，吴海涛．缩小数字鸿沟：中国特色数字金融发展［J］．中国社会科学，2021（8）：35－51，204.

[55] 徐凤增，袭威，徐月华．乡村走向共同富裕过程中的治理机制及其作用——一项双案例研究［J］．管理世界，2021（12）：134－151.

[56] 徐雪，王永瑜．中国乡村振兴水平测度、区域差异分解及动态演进［J］．数量经济技术经济研究，2022，39（05）：64－83.

[57] 谢地，苏博．数字普惠金融助力乡村振兴发展：理论分析与实证检验［J］．山东社会科学，2021（04）：121－127.

[58] 周立，陈彦羽．数字普惠金融与城乡居民收支差距：理论机制、经验证据及政策选择［J］．世界经济研究，2022（05）：117－134，137

[59] 熊正德，顾晓青，魏唯．普惠金融发展对中国乡村振兴的影响研究——基于C－D生产函数的实证分析［J］．湖南社会科学，2021（01）：63－71.

[60] 张蕴萍，栾菁．数字经济赋能乡村振兴：理论机制、制约因素与推进路径［J］．改革，2022（5）：79－89.

[61] 张金林，董小凡，李健．数字普惠金融能否推进共同富裕？——基于微观家庭数据的经验研究［J］．财经研究，2022（7）：4－17.

[62] 张远，胡文馨，李俊峰．数字普惠金融对城乡居民消费差距的影响研究［J］．宏观经济研究，2022（04）：51－63.

[63] 张志元，李肸．共同富裕背景下数字普惠金融减贫有效

性研究［J］. 济南大学学报（社会科学版），2022，32（01）：117－132，176.

［64］杨鑫垚，叶家硕，卓震宇，李杰. 数字普惠金融、多维相对贫困及空间效应［J］. 财经科学，2023（5）：48－61.

［65］杨德勇，代海川，黄帆帆. 数字普惠金融对城乡居民收入差距的门限效应研究——基于不同发展维度的实证分析［J/OL］. 经济与管理评论，2022（03）：89－101.

［66］曾建中，李银珍，刘桂东. 数字普惠金融赋能乡村产业兴旺的作用机理和空间效应研究——基于县域空间动态面板数据的实证检验［J］. 国际金融研究，2023，No. 432（04）：39－49.

［67］许月丽，孙昭君，李帅. 数字普惠金融与传统农村金融：替代抑或互补？——基于农户融资约束放松视角［J］. 财经研究，2022，48（06）：34－48.

［68］尹振涛，李俊成，杨璐. 金融科技发展能提高农村家庭幸福感吗？——基于幸福经济学的研究视角［J］. 中国农村经济，2021，（08）：63－79.

［69］张林. 数字普惠金融、县域产业升级与农民收入增长［J］. 财经问题研究，2021（6）：51－59.

［70］周林洁，韩淋，修晶. 数字普惠金融如何助力乡村振兴：基于产业发展的视角［J］. 南方金融，2022（04）：70－78.